杨林兵 著

青年律师

执业与进阶必修技能

·职业认知·

·业务实战·

·个人规划·

全方位助力青年律师成长

快速从新手变身行业精英

中国法制出版社

CHINA LEGAL PUBLISHING HOUSE

自　序

我的老家在江西一个国家级贫困县，2002年我大学毕业时，它依然没有通电。贫穷，限制了我的想象，却没能磨灭我一步一步走出大山“活出个人样来”的生命冲动。

2006年，我来上海做了一名律师。15年里，我做过律师助理，管理过中型律所，也做过大型律所的合伙人。2014年，我创设了自己的事务所，很多律师走过的路、吃过的苦我都基本经历过。

不觉，我42岁了。

虽谈不上成功，倒也符合大部分律师的发展轨迹，我深知律师职业的不易。人过四十，很容易往回看，想想自己的过去，内心立即浮现出两个词：不甘、着急。不甘过去理想太小、成绩平平；着急自己已裹足难行、患得患失，用力展望未来，仅剩十几年职业时光，似乎也只是从前的继续。

2020年，新冠肺炎疫情席卷全球。一时间，百业停滞，律师也莫能例外。各种在线教育应运兴起，我想，莫不如做些公益课程，把我十几年来的体会和受到的教训与广大同行分享。不知不觉，做了10期，内容涵盖了职业理想、职业认知、谈案报价、有效表达、客户体验、风险管理等律师最关心的问题。令人意外的是，我用大白话讲的这些内容竟然广受好评，收听量有近3万人次，好多人建议我将课程内容结集出版。虽知水平有限，但我还是很想让大家了解我的一些想法，也就没有理由犹豫了。

我们国家的律师职业培训还没有形成系统，各地律师协会组织的培训也不成体系，年轻律师大都是自己摸索着进步，到后来鱼有鱼道，虾有虾路。但仔细想想，还是有一些规律可循的。这本书的出版希望能给大家带来一些思考，教会大家一些小技能，并能帮助大家从中总结出一些规律。

大部分律师都是在一个又一个的普通案件中度过职业生涯的。我们不能好高骛远，要弘扬职业精神，要坚持长期主义。当前，似乎有一种声音：“律师不迅速专业化，律所不迅速规模化，就没有机会了！”还有一种声音：“未来的十年，是法律服务行业最黄金的十年。”我对此不敢完全同意，国家正在为“两个一百年”奋斗目标而努力，从现在到2049年新中国成立100周年的28年时间里，国家的任务是要建成富强民主文明和谐的社会主义现代化国家。我想，法治一定是随着国家进步而进步的，我们不要急功近利。在全面依法治国和走向共同富裕的大时代中，我们应准确找到自己的小角色，并努力做好这个小角色，为社会变得更美好做出贡献。

在这个世界上，成功往往不属于像兔子那样跑得快的人，而是属于像蜗牛一样坚持的人。诚然，大多数成功者都有理想定力，都在默默努力中匍匐前进。希望我们的青年律师同仁都能有一个幸福的职业生涯，过上健康、富足、自由、体面的生活，向社会彰显我们的力量。

感谢王浩主任、吴胜男主任鼓励我进行公益直播，并组织将演讲稿编辑成文字；感谢刘源涌、刘桂娥、向欣、龚博伟、刘宁、石维娜、胡巧巧、单翔、杨征东、刘怡、郝晓宁、张宇翔、刘治东、薛豫英、江佳燕、汪澄、黄丹、翟温馨、王璐、丁建平等律师在直播和统稿等方面付出的辛苦努力!

感谢iCourt张津老师为本书出版所做的沟通与协调工作!

特别感谢中国法制出版社李佳主任、刘阳老师、王悦老师的宝贵支持和辛苦策划。

出于篇幅考虑,我们忍痛割爱,将原来的20多万字缩编成不足8万字。因是现场直播的演讲稿编辑而成,本书的逻辑性不强,也没有科学的理论体系,加上本人水平有限,错误一定会有,希望广大同仁对本书存在的缺点和不足提出批评与指正。

希望本书能够对青年律师有所裨益。大家好,才是真正的好。

2021年9月24日于上海

目　录

01 【职业认知篇】

02 【业务实战篇】

03 【个人规划篇】

01

【职业认知篇】

律师职业与幸福人生

职业认知

我坦白，多年以前，自己对律师职业的认知，是很不到位的。那时我觉得，律师就是当事人的雇员，受托完成其指令的任务，所以常常会混同自己与当事人的身份，执业行为也常常表现出“当事人化”。做了15年律师后，我的认知发生了很大的变化，也可以说是一名普通律师职业理性的回归。

律师的使命是三个“维护”：维护当事人的合法权益，维护法律的正确实施，维护社会的公平正义。

很显然，律师是专业技术人员，法律没有确认律师职业的营利性。律师的职业对标是介于医生和商人之间的角色：没有医生那么公益，也没有商人那么逐利；但社会对律师的技术要求比对商品的质量要求高。

律师和医生一样，最知人间冷暖，不能只是参与一些“零和游戏”，最好的结果是定分止争，让已遭破坏的社会关系得以修复，进而促进社会变得更加美好。

大部分医生的整个职业生涯会在治疗一个又一个普通患者中度过，律师也一样，职业生涯注定是在一个又一个普通案件中度过，这是两者的职业本色。如果从事律师、医生、教师这类职业的人天天想着发大财，那这个社会就很危险了。

因为个体智力、体力差异以及成长环境、人生际遇的不同，每个人最终会成长为不同类型的人。从人类的现实需求角度来看，世间大概有三类人：

一类是穷其一生努力，就为了养家糊口，也就是混口饭吃；

一类是有崇高理想，立志为社会公益而奋斗，在工作过程中会获得极大的价值感和荣誉感，社会一定会主动回报他一碗“好饭”吃，比如从事基础理论物理研究的科学家；

一类是为了有口“好饭”吃，努力工作，结果是有“好饭”吃的同时，也顺便做了一些对社会有用的事情，比如律师。

律师是知识分子，是专业技术人员，不是商人，也不要扮演商人，这是常道；

律所不是企业，合伙制是主流，大家自带生产工具，律所是不会有太多的利润的，坚持人合为主、资合为辅，不要玩太多的花样，要坚持底层逻辑，稳步地把律所建设好，这是常道；

律师是靠经验生存的，坚持职业主义、专业主义、长期主义，这是常道；

律师无权无势，最大的武器是对法律的信仰，最大的动力是对正义的感情，这是常道；

律师的整个职业生涯大都在一个又一个的普通案件中度过，不会异彩纷呈，这是常道；

律师最知人间疾苦，理应对社会饱含温情，这是常道；

律师“手无寸铁”，但又不得不冲锋陷阵，必须爱惜羽毛，保护身体，规范执业，让自己过上健康、富足、自由、体面的幸福生活，这是常道；

在全面依法治国和走向共同富裕的大时代背景下，找到我们的小角色，并做好这个小角色，这正是中国律师的最常道。

律师不仅仅是一个职业，还是一种生活方式。律师在维护当事人合法权益的同时，要帮助客户从案件困境中走出来，恢复自己本该有的生活；律师要带动当事人，带动同行者信仰法律，对正义要充满期待；律师是国家建设之才，要为法治进步做出贡献；律师有经验、有阅历、有知识、有智慧，我们要活出个样子来，向社会彰显属于这个职业的力量。

职业，是为了让人活得更好，让社会变得更美好

律师的工作和生活很难分开。职业是为了让人活得更好，是为人的生活服务的。几乎每一个案件都有人情世故在里面，做好律师这份工作需要懂得生活、懂得生命、理解社会，否则是很难做好的。每个案件都关乎人的素质、“三观”、理想、困惑、情感等，我会把对生活的理解融入工作，运用生活智慧去解决疑难案件。

生活是目的，而工作只是手段。不能全然地把工作当成生活，将理想的主线定义为工作，工作是为了生活得更好，要在顺应自然规律的情况下健康生活、快乐工作。生活是高于一切的，我们应该不断去探索，去思考，去追求生意、生活、生命的平衡发展。

我认为，人在世上第一件事就是努力把自己活好，做最好的自己。之后才是为别人做点事情，互相成就，这也

是我行为的动力所在。如果我们的职业追求与人生的追求是一致的，那在从事律师职业过程中，就不会行为不自洽，内心也能保持安宁。

幸福是律师职业的终极追求，是健康、富足、自由、体面

人的一生，终极追求是什么？两个字，幸福。大部分人选择律师行业，最开始的想法不外乎三点：第一，为了自己的自由；第二，为了朴素的正义感；第三，为了自己想要的生活。那么律师到底应该追求一种什么样的生活？我觉得，健康、富足、自由、体面，就是我对幸福的定义。

我一直觉得，律师是一个幸福感很低的群体，在“二八定律”和高强度的工作之下，多数律师的生活谈不上富足和体面，健康和自由更没有保障，整个职业生涯不过是在一个又一个律所之间漂泊。出于初心，我创办了上海申同，致力于打造最幸福的中国律师事务所，结束自己漂泊无依的状态，让一群和自己一样草根出身的普通律师在这里获得自由，互相成就，幸福到老。

想法很美好，但实践起来并不是一件容易的事情。如何将“幸福”这样一个抽象的词具体地体现在律所的运营中，真正成为律所的文化命脉，对我而言，是一个很大的挑战。这样一群普通的律师，如何能够走通这条实现幸福的平凡之路呢？

首先，从律师的角度来看，我觉得中国的律师没有职业该有的显著性。比如说在欧美地区，律师是很受社会尊重的，职业特性很清晰。但是中国律师就没有这种显著性，而是类同于其他的商业组织。其次，从国家层面来看，我们国家没有关于律师的产业政策。因此，对于律师也没有统一的培训，这就导致中国的律师在职业认知、执业能力上参差不齐，缺乏标准性。一些年轻的律师甚至连诉状都不会写就开始执业了。但是在发达国家，律师大都经历过系统且统一的职业培训，为执业打下了良好的基础。最后，从律所管理者和行业管理者的角度来讲，许多管理者过度关注律师的经济效益也就是创收，在一定程度上忽视了律师社会责任的承担。

我觉得律师首要的责任是依法执业，把律师的本职工作做好，其次是修复社会关系，再次是提升行业影响，然后是做好传承，最后是作为法律宣传的主体。从这些层面来看，许多律所管理者和行业管理者其实都走偏了。

加强基础建设，坚持长期主义

什么是基础建设？就是对律师认知的建设，而律师的认知则包括对职业定位的认知、对职业价值的认知、对执业行为的认知、对平台作用的认知、对同行者的认知等。其中最重要的一点，是要加强对律师执业行为认知的建设。

另外，还要坚持长期主义。这个行业如果短视的话，就没有行业的显著性和价值了，所以只有加强基础建设，弘扬职业工匠精神，才能彰显我们的职业本色。我觉得大部分律师职业生涯还是要在一个又一个的普通案件中度过的，我们办的案件绝大多数包含的是普通人的酸甜苦辣，不要片面去追求某个大案要案。无论是律师还是律所，都要对自己有清晰的定位。

职业认知决定职业行为和路径

职业认知是什么？

第一个层次就是对律师职业定位的认知。在我看来，律师就是匠人，是知识分子，是社会进步的推动者。但是很多律师没有准确的定位，做的事情变成了拉关系，既没有职业气节，也没有律师该有的仪表，不像个律师的样子。

第二个层次是对职业价值的认知。律师的职业价值是什么？我觉得律师是社会关系的修复者，我们不能片面强调维护当事人的利益，让社会和解是最好的，要促进社会关系的修复，不要扩大社会的裂痕。

第三个层次是对执业行为的认知。律师该怎么执业？怎么开拓业务？怎么操作业务？对执业行为的认知要到位，就比如最简单的打电话，语气、话术都是有技巧的。在这方面，许多年轻律师都缺乏经验。

第四个层次是对平台作用的认知。年轻律师一定要扎根平台，建设平台，最终享受平台红利并选择一个心仪的平台留下。不要到处奔波，选择一个契合的平台很重要。

第五个层次是对同行者的认知。律师太孤单了，在职业生涯中还是要多找一些同行人，在互相成就中积攒情谊。

我觉得只要这些认知到位以后，坚持做下去，就会得到提升。一定要坚持，不能短视，也不能只图赚快钱。最终我们受社会尊重，并不是因为“律师”两个字，而是因为我们的执业行为，我们的价值体现在一个个具体案件中。

曾有人问我，如何看待法律科技对律师行业的影响，律师是否可能被技术取代。我觉得，法律科技化是趋势，技术的进步和发展对传统业务的冲击会非常大，这是社会进步的体现。但律师不会被取代，因为律师活动是社会活动的一部分，而社会的主角永远是人，律师最不能被替代的就是“情感”和“智慧”。

因此，我们期待青年律师做到四个方面：第一，具备比较好的表达能力；第二，能够与这个社会、与自己和平相处；第三，拥有良好的品格；第四，对生活、对行业、对社会充满感情。

02

【业务实战篇】

如何让案源来找你？

业务实战

我经常拿律师和医生做比较。就获客来说，患者往往是自己主动找医生，但律师一般都是自己去找客户。那律师能不能像医生一样，让客户来找我们呢？经验告诉我，这是可以做到的。

人在哪里，案源就在哪里

律师可以像医生一样受人尊重，让客户来找我们。人在哪里，案源就在哪里。人其实一直就在律师的身边，但人和人之间大部分时间都对彼此熟视无睹。人就在你身边，案源也就在你身边，核心是你怎么与他人之间建立链接点，怎么让这些人成为和你相互链接起来的人。

十多年前，我接手了一个交通事故的案件。一个农民工受伤了，我约他到事务所来面谈，但我马上就后悔了，又给他打电话，说我要到你的工地上去看看你。我这么做是要跟他建立链接：第一，作为律师应该上门服务；第二，我作为一个农民的儿子，曾经也当过农民，知道他们的不容易。我如果到他工作的地方去找他的话，也许他只要签个字，我就可以离开了，不耽误他的劳作，不耽误他的工时，不耽误他拿工钱。但如果他到我的办公室来的话，上海太大，他出行不便，可能要花上一天的时间。因此，我选择了去他那里。那么，是下雨天去，还是晴天去呢？如果晴天去也许会耽误他的工作，他不得不停下手上的事，如果下雨天去，可能就不会耽误他的事。去到那里之后，我发现一群人正围坐在一起打牌，得有一二十个人，我把名片散发给了他们。其实当时我没有意识到人在哪里案源就在哪里，只是基于自己朴素的善良，我去到那个工地上。发出去的这些名片，几乎把这个农民工兄弟的朋友"一网打尽"了，他们都认识了我。因此，我们应该以善良为出发点，走出门去，和身边的人建立联系。

我再讲一个例子，是另一个交通事故的案件。我总是到医院去看我的一个当事人，他所在的病房里有四个病人，基本都是骨头受伤的。我与这四个病人都建立了联系，后来这四个人很顺利地全部成了我的当事人。我是怎么跟他们建立了深度链接的呢？当时我做了一个动作——我的这个当事人腿部受伤，我把他的被子掀开一点点，用我的手去抚摸他腿部受伤的位置，让他感觉到我的温度。也许这个动作很多人都想做，都愿意做，但是没敢做，或者可能怕人家不适应，或者自己内心抗拒。不要多想，大胆地去做，人与人之间，爱人的能力各有不同，但感受爱的能力是差不多的，我们的温度别人一定能感受到。真诚的服务，成为我和其他守在医院的“业务员”之间的一个显著区别。

通过这两个例子，我还是想说明一点：人在哪里，案源就在哪里。我选择去工地上跟客户签合同，去医院的病房里为客户服务，用我温暖的手让客户感知我对他的善意。当事人找到我们时，内心是脆弱的，更容易被我们温暖。

在我看来，律师不是拿着两把板斧的李逵或手持丈八蛇矛的张飞，不讲方式只会拼命。我觉得律师除了应该有自己朴素的正义感、法律上的责任感以外，还应该在社会中发挥修复关系的职能。如果我们可以做到这一点，我觉得律师在这个社会上就会更受人尊重。

你的同事可能是你的第一个案源

你的同事，可能是你的第一个案源，这是认知问题，不是能力问题。如果你的同事能成为你的第一个客户，其实就证明你所处的职场氛围很好，你很受人尊重。如何受人尊重？我的体会告诉我：一定要让身边的人看到你，让人看到你的才华，看到你的为人，要勇敢展示自己。

跟我们打交道最多的人，无非是我们的亲人和同事。我经常告诫我们的律师：你要做的第一件事情就是要让全律所的人都认可你的为人，知道你的优势。当你大胆秀出你的才华，案源就离你不远了。

让别人看到你，其实很简单。我记得我刚开始从业的时候，为了让优秀的律师们看得到，我做了很多努力：擦桌子、扫地、修电源开关，我总是所里加班到最后一批的，总是最后一个关灯、关窗户的那个人。当你勤奋努力，区别于他人时，别人就会看到你。如果你跟别人一样的颜色，就很难被看到。我们的年轻同行，如果你到一个新的平台上去，要做的第一件事情就是让你的同事看到你。

在职场上，要让别人看得见你，更要让别人看得见你的优势。比如丁俊涛律师，他是上海刑辩界一颗耀眼的新星，做了很多事情得以让我们的同行看到他。他的专业、他的人品、他的理念，都因为有了显著性，所以得到了同行更多的关注。他的很多业务都是同行出于对他的信任而推荐给他的。在我们这个行业内，如果你被人看到了优势、能力，就相当于成功了。

除了最熟悉的同事，容易产生链接的熟人还包括你的亲戚、邻居、好友、同学、老乡。我们在大都市生活，虽然彼此近在眼前，心却往往远在天边。我们完全可以用一次温暖的行动，在人与人之间建立非常好的联系。面对亲朋好友，在处理和他们的人际关系时要切记一点：真诚。因为彼此熟识，他们太知道你的根底了，如果产生需求，一定要真诚地为他们做好服务，口碑在熟人之间的传播比在一般关系中影响更甚。

和越来越多的人建立有效链接

经济学上在讲投资与收益时有个词叫“杠杆”。而我这里说的“杠杆联络人”，指的是你可以通过他去撬动和别人之间的人际关系。通俗来讲，杠杆联络人可以理解为“人好、事多、好管事的人”。人特别好，就喜欢管事，越管事就越多，事多了他就没精力自己处理，处理不了后，他就想借助你的力量帮他处理，他会感谢你帮他把好朋友消化不了的难题解决掉，这样就提升了他在朋友心目中的地位。如果你从同行、熟人、邻居、老乡、好友里面找出一些杠杆联络人的话，就要重点给他标注好，并格外谨慎地对待他。

我有一个杠杆联络人，是一个基层工作人员、老居委会书记。退休以后，他被电台请过去做过一段时间接待工作，我在跟他交流后给他留下的印象非常好。我一直很尊重他，把他当作杠杆联络人来维护，所以十多年来，他不断地给我介绍业务。

他能如此信任我，是因为我给自己提了要求，必须做到两件事情：第一，他交办给我的业务一定要做好。他曾经给我介绍了一个业务，这个案子是上海市不具备购房资格但判当事人胜诉的第一案，二审我们也赢了。因为是类案首判，可想而知这个案件我们费了多少心思。我觉得我要带着一种使命感，背负着杠杆联络人给我的压力，去办好他交给我的案子。第二，适当的关切，持续的紧密联系。每到过年时，我一定会去看望他，让他能感知到我对他的温暖和爱。只有当你把业务做好了，再以一种适当的方式去感谢他、关切他时，这个杠杆联络人才能维护好。

永远先于别人伸出你温暖的双手

市场是自由的、公平的、道德的。陌生市场到处都是，我们对身边的人不要熟视无睹，只要主动去建立联络，你就会发现哪里都是市场。看似陌生的人，其实跟你并不陌生，他就在你眼前，你要主动向他伸出温暖的手。在好友、亲戚等熟人中，业务是不太好做的，陌生市场反而好做，因为陌生客户一旦相信你，双方都没有包袱，可以放开手脚大胆去做。陌生市场永远是我们这群普普通通的律师的坚实市场。

在陌生市场，主动伸出手的人，我估计不到10%。而伸出手，还保持手的温暖，这样的人就更少了。十几年前，有一次我开完庭回律所，从法庭出来没有直达的公交车，不过距离很近，坐摩的只要五块钱，但我一摸兜里只有四个钢镚。我问旁边的师傅："四块钱行不行？"他说："不行，大热天的。"但后来他还是说走吧，便载我到办公室的楼下。他抬头一看，这么高档的写字楼。我给他四块钱，他说："不是五块吗？"我当时有多种选择：第一种，律师最容易选择争辩。第二种，老老实实地做一个守规矩的人，到办公室拿一块钱下来给他。第三种，径直离开，不多纠缠。但这三种做法我都没选。我就说："兄弟，我欠你一个人情，欠你一块钱，但是我给你一样很珍贵的东西。"我拿出一张名片，说："这上面有我的电话，你留好了，我相信这一生我一定可以帮上你，因为你这一辈子一定会碰到法律问题，虽然不一定是纠纷。你打个电话给我，也许我给你省的不只是一块钱，而是以万元计算的律师费。"他一看我是律师，便不再纠结于那一块钱，说："真的呀？太谢谢了，多联系。"没过几天，他认识的一个司机受伤了，他把这个业务介绍给了我。我跟他本来没有链接点，但我主动伸出了我的手，而且这手还比较温暖。当时我没有特别敏感的营销意识，我的感觉就是我欠他一块钱，我把名片给他，或许真的能帮上他。我的出发点是温暖的，而我也得到了回报。

我经常碰到年轻律师埋怨："我很有能力，为什么不给我案子做？我是千里马，怎么没有伯乐？"其实，只要你勇敢地展示自己的优势，伯乐就很容易发现你。有心插柳必成荫，只要恰当地秀出你的才华。年轻人要敢于秀，只要不是抢人家风头，就可以大胆地展现自己的优势，传递自己的温暖和力量。

成功不会一蹴而就，案源开拓同样如此

案源是一个律师长年累月营销的结果，办案是一个律师瞬间的技术表现，而技术是一个律师长年累月学习的成果。说到这里，大家可能有点失望，成功永远没有捷径，尤其是在律师这个行业里。

要跟越来越多的人建立有效链接，就不仅是两根线连接在一起，还要像链条一样一环扣一环。我经常想我们的客户就像鱼塘里的鱼一样，不能使其自然生长，一定要人为地施加干预，鱼塘也不应该是一潭死水，除了做最好的自己，也要接受市场的主动选择。

就像做保险业务，如果经常去敲门，你会发现你找得到人却找不到业务，在这个过程中，你只有做最好的自己，当客户去挑选你时，你才会慢慢走上正轨。在技术这

么发达的时代，人和人之间的链接中，最关键的是品格，培养品格，永远是做最好的自己的必经之路。

人际交往的五句话

律师在人际交往的过程中，是有一些经验可以借鉴的。我认为要做好五件事：第一，发自内心地尊重别人；第二，恰到好处地赞美别人；第三，顺时顺势地成就别人；第四，善意以待别人的善良；第五，注意把握交往的边界。

当和一个人建立联系时，第一件事是给人以平等感，这样才能拉近人与人之间的距离。你要发自内心地去尊重别人，不能虚情假意。比如说有年老的阿姨到办公室来，她年纪比你大，你就一定要把最好的位置给她坐，而且当你靠近她时，一定要做俯身的动作。如果她耳背，你要先问一句："阿姨，我这个音量您听得清楚吗？"当你这样发自内心地尊重别人时，别人就会尊重你。

赞美别人要恰到好处，恰到好处包括两个方面：第一，时间和时机；第二，赞美的程度。

顺时顺势地成就别人需要胸怀，我们有的时候会认为，如果别人比我强，我就没面子。其实去成就一个人是没有什么成本的，而且他会对你心存感激。如果律所来了一名年轻律师，一定要对他的优点给予肯定，对于他的缺点，要找机会恰到好处地点出来，并给他提出解决问题的方案。

善意以待别人的善良，因为每个人都要依赖别人的善良，别人的善良不能被我们无视。

注意把握交往的边界非常重要，有时候律师会觉得客户和我是好哥们儿、好朋友，不用太在意这些。但我认为和客户相处时，还是要保持边界感的。我一般会告诉客户我有两个身份，第一个身份是律师，第二个身份才是你的好朋友。律师是第一身份，是因为客户花钱雇了你，购买了你的服务。有的时候律师之所以会迷失自我，是因为他内心没有设置区隔，没有区隔，律师就容易失去辨别能力。

成为可识别的律师

良好的职业形象，是成功的第一步。穿西装应该成为我们的职业习惯，这是我们对自己职业的尊重。要做一个有识别度的律师，就必须做到敬业、专业、高效、主动、规范、忠诚。尤其是忠诚，我觉得这一点特别重要。忠诚除了职业本身要求我们要忠诚于客户的合法权益以外，从生命的角度来看，我们也要忠诚于自己的内心，学会与自己和平相处。真正能与自己和平相处的人，看起来像一片草原，充满希望。律师应该是自由的，在真实的世界里自由地穿梭，要有一些独属于个人的体验和经验。

经营好微信朋友圈

如果和客户当面谈案子，客户会看重你的口才、仪表、神态等；而如果你和客户未曾谋面，你的微信朋友圈就是最好的展示窗口。换位思考一下，如果我是客户，准备选择一位律师，会先认真读一下他的朋友圈。因为这个案子可能对我来讲，一生只有一次，输了也许会倾家荡产，也许会抱憾终生，也许内心苦闷会无法消减，也许惩罚对方的目标会彻底落空，所以我要对一名律师足够信任，才会让他代理我的案子。一个陌生客户如何对律师建立信任呢？当他想要了解一名律师时，他很可能会通过朋友圈去观察这名律师的真实生活。因此，微信朋友圈不是律师的心灵花园，尤其对于年轻律师来说，朋友圈就是你每天的现场直播，它至关紧要，有很多细节需要注意。

第一，昵称。有一些律师的微信昵称比较新奇，叫一个字母、一个英文单词或单字，或者一个表情。名字是父母第一次对你行使的权利，我们应该看重自己的名字，行不改名，坐不改姓，这也是尊重自己。因此，我建议律师的微信昵称就叫自己真正的姓名+“律师”二字，名正言顺，可被识别。

第二，头像。我认为最好是身穿职业装的照片，太休闲或太卡通的服装不太符合律师职业属性，而头像会成为你的可识别度的一部分。

第三，背景。这个相对自由，可以是幸福家庭照，或是与律师职业元素匹配的其他照片。

第四，签名。有的律师的签名写着“在这个悲惨的世界里，深情地活着”。这样的话其实不太好，它多多少少贬低了世界的温暖，世界给我们律师的不止一米阳光，我们要多用心感知社会的温暖。

我特别想在签名中表达出我对生命的热爱，所以我以前的签名是“自律、深情、靠谱、有趣”。自律，律师面临的诱惑太多，必须自律，如果不自律，我们很难跟其他的职业有区别，我们将会因此失去很多选择。深情，生命只有一次，应当对职业用情至深。靠谱，这是我对待周围人的态度，虽然我们都不可能做到百分之百靠谱，但靠谱应该作为我们的追求。有趣，有趣的灵魂万里挑一。

律师的朋友圈，我认为要坚持一些原则。我经常和年轻律师讨论，认为律师的朋友圈需要遵守三个原则：第一，正能量。负能量每个人都会有，但是它不适合展示出来。第二，真实。必须真实，不能造假。第三，关注人性。我们都是活生生的人，生活在这个世界上，如果不关注人性，我们更容易变得麻木，甚至对许多问题熟视无睹。

我对年轻律师的微信朋友圈有三个期待，很朴素。第一个期待，我们要充分记录我们真实的、幸福的每一天。人的记忆不是永恒的，记录生活首先是对自己的一个交代。第二个期待，记录自己身边美好的人和事。要记住别人的好，大家都好世界才算真正的好，所以我们年轻律师要大胆地在朋友圈晒出比自己更优秀的人，一个敢如此做的人的胸怀是足够宽广的。你真诚地去晒他，说明你特别信任他。第三个期待，记录职业生涯的点点滴滴。律师职业生涯中充满酸甜苦辣，有矢志不渝，有奋起直追，有反败为胜，有时也应该有呐喊。

做好基础建设，坚持长期主义，实现生意、生活、生命平衡发展

对于年轻律师来说，或许你觉得自己形象不好，或许觉得自己口才不好，或许觉得自己思想不深刻，或许觉得自己品格没有磨炼好，其实律师应该有的闪光点都需要持之以恒地去打造，要坚持长期主义，相信时间的力量，时间能给你最好的答案。如果某一天突然来了一个优质的案源，一下子能收几百万元律师费，对于年轻律师来说，这更多的是昙花一现。我经常跟年轻律师聊，人在什么时间就应该做什么样的事情。要动用多大的能量，该收获多大的回报，这种投入和产出有它自己的适配度，有它的时机。我们律师都应该是手艺人，既然靠对人的服务来赚钱，就一定要打造好自己。

我们的职业更多的是一笔生意，但这笔生意和别的生意不大一样。我们虽然不能像医生那样救死扶伤，但有时候也可能会挽救生命。生意之外，我们还有生活，生意和生活之间没有必然的界限，两者是要相互契合的，生意是为了生活，你忠于我，我忠于你。生意和生活最终会让我们的生命变得丰盈。律师是一个充满想象力和极具广阔度的职业，我对年轻律师的祝福是：以律师职业为出发点，做到职场丰收、生活幸福、生命丰盈，成为人生赢家。

问1：初次认识怎么恰如其分地建立链接？想展示又总害怕“表现”的成分太多。

杨：陌生人之间要建立链接，首先要恰到好处地赞美别人，发自内心地尊重别人，再去勇敢地展示自己，然后恰当地露出你的才华，无声地传递你的力量。不要怕表现的成分太多，试错的机会、试错的成本比错过的成本要低很多，表现“过分”比不表现要好。不要怕，做错了就道个歉。一个勇敢的人，一个上进的人，只要你姿态放得低一点，别人通常都不会拒绝你。

问2：营销展示是做真实的自己，还是需要一定程度的包装和美化？

杨：我个人觉得这两点要结合起来。太真实了，你会很吃亏，但过分的包装和美化又与真实不符，变成了虚假宣传。怎么找平衡点呢？回归职业本身。律师是第一身份，首先要完善律师的外在和内在形象，其次才是广告。

一招一式助你谈案报价

业务实战

动物世界有丛林法则，法律消费也适用丛林法则。但法律消费不仅仅是一斤猪肉多少钱的问题，不是直接的等量交换。法律消费主要是心理消费，客户有需求，律师有卖点，双方存在差异，也存在博弈。

法律消费，是一种心理消费；法律产品，是一种非标产品

现在大家都在讲思维，产品思维、服务思维和市场思维哪个更重要？我觉得最核心的点其实是人的思维。律师提供的法律服务是一种心理消费，律师卖的产品也是卖给人的产品，一定要符合人的思维。因此，生产好的法律产品，需要我们多琢磨一下“人性”。

在我看来，一个成功的律师应该在一定程度上做到人情练达、世事洞明。要做掌握了生存之道的能人，这类人能找到人与人和平相处且互利共赢的点，然后为之行动。律师往往容易陷入“服务他人”的旋涡，其实在社会大环

境下，机灵点、对自己好一点没有任何问题。如果律师总是为客户提供很好的服务，却没有得到相应的报酬，这对行业其实是一种伤害，律师内心也会失衡，只有与客户共赢才会更好。

我常常自省，正因为法律消费是心理消费，法律产品是非标产品，所以不能拿着某一个标准直接适用。所谓的技巧和招式，不只是写出来或说出来的，更是用人性体悟出来的。

谈案报价的理念

1.律师是请的，不是花钱雇的。低层次叫需求，高层次叫陪伴

为什么说律师是请的？律师为师，唯师者贵，律师应当是受人尊重的，所以说是请。而雇是什么？比如说手表坏了要雇一个技工维修，这是“雇”。为什么要请？现在大众还没有形成知识付费的习惯，更没有为智慧付费的传统，有的只是为技术支付劳动报酬的习惯。如果是雇的，客户就可以把律师当普通的技工；如果是请的，客户就觉

得律师是高手。我们要让客户请我们。如何做到这点呢？他请的首先是你这个人，其次是你这个人带来的价值。包括夫妻之间也一样，如果仅仅从低层次的需求来讲，那么没有需求了或者需求被其他人或其他方式满足了，婚姻就会出现裂痕。陪伴是高层次的，里面包括了需求。在为客户服务时，要陪伴客户走过人生中这一段黑暗和痛苦的阶段，陪伴他从痛苦的经历里面走出来。

2.感知比现实更重要

我经常看到一些年轻律师，其实做得很好了，但客户就是对他不满意。我曾经收到一个跟我比较要好的客户的小投诉，他以前和我的一名律师合作，但他说现在不想跟他继续合作了。我说："为什么？你要投诉他吗？"他说不是，只是把我当大哥一样向我反映一下。反映什么呢，我问是我的律师不尽职吗，或者说不够敬业，不够专业？他说都不是，就是让他感觉不好，因为他一进门，律师就说："我下面要开始计时了哦。"这个表达让我的客户特别反感，但这名律师可能觉得自己的做法很专业、很规范，殊不知严重忽略了客户的感受。客户说他从来没有在一个人面前这么窘迫、着急过。

因此，感知比现实更重要，成为一个专业律师很重要，但是更重要的是让你的客户知道，你真的很好，让客户感受到你是名好律师才更关键。好，是基本含义；感觉好，是最高目标。

3.见识比知识更重要

作为一名律师，如果没有生活的经历和逻辑，是谈不好案件的。比如，非法吸收公众存款的案件，跟客户讲这里的“非法”是因为没有资格向不特定的公众吸收存款，这样讲专业概念，客户是听不懂的。但如果你说是因为没有经过许可就动了别人的奶酪，所以是非法的，客户就会有一个直观的了解。

再比如，销售假冒注册商标的商品罪，我们做过一个全国性的案件。客户不明白的是：“明明我卖的胶水比美国的原装胶水还好，我卖得更便宜，而且我是卖给中国人，为什么构成犯罪？罪与非罪如何区别？”我跟他讲了一句话：“老外卖的不是胶水，卖的是他的智慧，卖的是他的发明。你如果不卖，他就可以多卖一点；他多卖一点，就赚得多一点。你赚了他该赚的钱，本质上还是动了别人的奶酪。”

因此，在谈刑事案件时，一句很通俗的话就能让客户明白得更多。你跟客户谈刑法，谈司法解释，他最多知道这是法律规定，但底层逻辑弄不明白。当你想向客户讲刑法和刑罚时，讲社会逻辑，客户就能明白了。

4.坦然和客户算成本，用心为客户创价值

谈案时，我们要多谈价值，少谈成本。请律师在客户眼中往往是一种“零和游戏”，客户会认为：我请你做律师，花了100万元，我就少了100万元，而未来是不确定的，如果没有好的结果，律师费就是损失。在这个前提下，成本在客户眼里已经很清楚了，律师谈案的重点，应当是给客户创造的价值以及如何获取价值。

很多年前，我谈过一个顾问单位涉及土地减量化的案件，这家顾问单位在上海周边的一个地方，我为其服务了十几年，做了一个有心人。我陪伴着这位企业家兄弟跌跌撞撞一路走过来，在刚刚为他服务的时候，我就开着车把他厂房的周边都仔细考察了一遍，认为厂房迟早会搬迁。最后真的被我言中，没过几年这里就要重新规划建设了。我跟他谈律师费时，问补偿款预计是多少钱。他说2100万元，希望能争取到2200万元。客户是有分界点的，找律师之前，客户经过哪些努力，已经可以拿到什么东西他自己很清楚。谈案的关键在于经过律师的帮助，客户将会增加多少收益。

客户明确表达过，他已年过半百，企业的搬迁补偿将是他余生的指望。这里的客户服务就要有三个概念。第一，给客户安全感，去安慰他；第二，去帮助他，给他出一份律师函，明明白白地把他最想说的话，用律师的法言法语、法律依据以及正义感表达出来；第三，帮他提前规避风险，治愈可能存在的顽疾，让他依法拿到补偿。

关于具体收费，我和客户是这么谈的：2200万元以下，我按百分之一计，收22万元。客户的理解是，这个钱是基本已算好能拿到的，收律师费还合适吗？我的回应是，补偿还没有拿到，你就确定能百分之百拿到吗？起码现在仍然是不确定的。而如果现在确定接受，那也就意味着对2200万元以上补偿款的放弃。只有把握好客户价值的临界点，这样说才能体现律师服务的价值，而对于2200万元以上的律师费比例，这部分就是纯粹的价值而不是成本。

5. 报价是平等的商务行为，但律师总是很难赢过客户

在报价过程中，律师和客户的关系是平等的。但在商务关系里，律师总是很难赢过客户。

很多律师会把精力用于怎么做事情，怎么做产品，而对于如何设计收费方案、如何做到价值和价格的有效匹配，却不那么花精力。比如：一年做30个案件，意味着一年要谈30个客户，如果95%的时间都用来为客户服务，就只有5%的时间用于谈报价，那就很容易在商务关系里交易失衡。律师谈报价的时间，起码应占30%。

为什么这么说？第一，报价要求律师必须非常了解客户；第二，报价要求律师了解自己内心的需求；第三，好的报价能让律师找到和客户的适配度；第四，报价可以帮助律师克服心理障碍，学会跟客户谈钱。

30%的时间用来报价，可以帮助律师提高对自己的认知度。如果案子没谈好，是会很沮丧的。有一名律师刚来申同的时候，就向我提出了一个问题，说可能一般报价10万元的案件我只收5万元，客户还不乐意。我说作为年轻律师你就值这个价钱，因为你不够自信，如果你在客户面前不够自信，那么在客户的对手面前，你也

不会自信。所以你就值这个价钱，你接受了这个价钱，就得把它办下去。

就好比板蓝根，不值什么钱，你不能指望把它卖到100块钱一盒，这是不公平的。谈客户，谈报价，谈下来了，签订合同以后，必须有契约精神。有时候，你会觉得律师费谈低了，对自己不公平，但其实是不对的，在那一刻一定是公平的。为什么？因为你都不相信自己的服务值更高的价钱，不相信谈案报价是基于平等的商务关系。

我谈客户的时候，谈得差不多了，就跟客户讲："如果你下定决心，官司是要打的，下面就是一笔生意了。这个收费标准如果高了，你可以讲，如果我觉得亏了，我也可以不做。"

以前我和我的律师做过一个厂房收购项目，我们做了A、B、C三个项目环节的报价：尽职调查、交易方案设计、协议起草与审核，让客户选。客户最终选择了A尽职调查，而尽职调查的价格比后面的都高。为什么这么设计报价？首先是因为尽职调查的律师服务成本最高，其次是因为客户会认为尽职调查在最前面，这一关先请你，后面再决定是否继续合作。

即便如此，客户还是打电话给我，问能不能报价低一点。我的答复是："如果出于兄弟情分，我可以一分钱不收；如果你把我当律师来看待，我们就是在做一笔生意。你看A、B、C三个环节里面，最"肥"的是B和C，A是最硬的骨头。你挑个硬骨头让我吃，有肉的却没有给我。其实，三种报价都是充分考虑了你的关切的。"

还有一次经历，在接手一个仲裁案件时遇到同样的问题，客户也是跟我们谈，觉得报价太高。我就跟他讲同样的话：如果是兄弟，我们可以不收费，甚至不应该收费；如果你当我们是律师，这就是一笔生意的话，我们就真的一点优越感都没有，我谈不过你。当律师说客户是个聪明的生意人，谈不过自己的客户，客户总是能赢过律师时，客户的感知是不一样的。相对于客户，律师不是生意人，而是手艺人。

6.律师可以没有价格，但是不能没有价值

当客户咨询律师时，不付钱或者只付点小钱，律师对此不应该介怀。服务应该收费，但个人觉得档次要稍微高一点。可以没有价格，但不能没有价值。律师应该处处体现价值感，因为如果没有价值，你不可能有好的价格。

曾经有个离婚案子，当事人从网上找到我，打电话咨询了我三次，后来又来到我的办公室。我给他解答完后，他要付我3000元。我婉拒了他，当时我讲了三点原因：第一，我不应该收费，因为我没有提前告知你咨询是收费的；第二，如果收费，这个费用太少了，我为你服务了大概四五个小时，我的价格应该比这高；第三，论财富你比我多，我可能比你更需要这笔钱，但是律师提供的价值没办法用这点财富衡量。

当事人第二次来时把案子委托给我，10万元律师费成交。所以说，律师要收费，就好好收费，不要计较蝇头小利。

有一次，我到一个律师事务所去交流，看到门口一个牌子上标注：律师咨询收费20—100元。20元可以理解，服务应该收费，但为什么100元封顶呢？可以没有价格，可以免费，但必须有价值，有了价值你才可以有价格。说心里话，我是不主张收口头咨询费的，收也收不了多少，还不如就当做公益了。这些来咨询的人大部分是老百姓或小企业主，都不容易。如果每次收1000元，100次只能收10万元，如果让100个人100次欠你的人情，那你一定可以把这10万元赚回来。人啊，不能太急功近利，还是要有长远目光。

如果遇到客户不想付钱，你一定要对他说，我今天虽然没有价格，但是我很有价值。当你提供了服务，甚至拎包上门服务以后，客户还不谈钱，不说你有价值，那就很尴尬了，有时候也是要给自己找个台阶下的。

7. 不要怀疑自己值钱，不要怀疑客户有钱，不要怀疑客户愿意为你花钱

我们收律师费，有三点不要怀疑。

第一，永远不要怀疑自己值钱。一个律师可以没有价格，但必须有价值。如果你觉得自己没有价值的话，就一定没有价格。大部分客户，尤其是企业客户，认为律师费是成本支出，是“零和游戏”，不太认可律师是可以带来附加值的。如果律师怀疑自己值钱与否，那就赚不到律师费。一定要好好表现，提供良好的服务，正确评估自己的价值，力争价值和价格平衡匹配。

第二，永远不要怀疑客户有钱。客户有没有钱不是律师要去管的。我们要考虑的是去做好法律服务。我们可以推定客户有钱，如果没有钱，律师也是可以选择不做的。

律师也需要保护自己，需要生存。我们可以思考一下医院的收费模式，道理就一目了然，更何况医院是社会公共（益）机构呢。当然，我们律师有承担部分法律援助的义务，这是另一个层面的问题。

第三，永远不要怀疑客户愿意为你付钱。你只要做一件事情，就是让客户愿意给你付费，但不要怀疑他到底要不要请你，到底舍不舍得付费。

我到底值不值钱，他到底有没有钱，他到底愿不愿意为我付钱，一旦问自己这三个问题，就一定会发现不平等。因为在平等的商务关系中，你展示你的，他选择他的，对这三个问题永远不要怀疑，要用行为去坚定这三个不怀疑。树立自信，要把自己的基本功练好，包括专业基础、语言表达、认知水平、职业习惯、价值标准等。

关于基本功，也需要有一定的外在展示，比如你是上海市律协刑委会的委员，肯定跟普通律师是有所区别的。因此，不要怀疑自己值钱的大前提是做好自己。客户有没有钱，不要管，那是客户的事。不要试图加入别人的食物链，做律师不需要和人抢食，更不需要动别人的奶酪。

8. 客户不会因为你收费高而恨你，也不会因为你收费低而感激你，更不会因为你免费就降低要求或免责于你

“客户不会因为你收费高而恨你。”如果你收费低，他反而不放心。中国人讲究一分价钱一分货，好货不便宜，便宜不是好东西。客户不会因为你收费高而恨你，但如果你没有好好做案件，没有好好陪伴他度过他人生中这一段黑暗的时光，他就会恨你。

“客户也不会因为你收费低而感激你。”只有业务能力强才能受人尊重，一定是这样。收费是你的价值体现，也是你将来好好做案件的一个动力，拿人钱财，替人消灾，这是很正常的商务关系。

“客户更不会因为你免费就降低要求或免责于你。”做免费的案件一样不能免责，不要动不动就免费。律师服务应该是有偿服务，不能免费。并且，免费是有瘾的，你的亲戚朋友找你，今天免费一次，以后都得免费。你会发现是朋友就不好收费，谈钱就伤感情，如果收费不合适，既伤了感情又伤了你。我们律所合伙人的合伙协议里面有一条，不允许免费，如果必须免费，合伙人需自行按最低收费标准代付。很简单的对比，公交车没有免费的，的士也

没有免费的。不免费，是基本原则。如果遇到弱势群体，你可以捐赠，可以帮助他享受法律援助。收费是律师从根本上对自己价值的认可。

9.客户不喜欢便宜，但所有人都喜欢占便宜

我曾干过一件很“傻”的事情，有一个案件收费比较高，我是按小时计费的，算下来以后，整体计费快要超过客户预付的律师费，于是，我没有增加服务时间，还退了20万元给客户。我跟他讲，我没有达到那么多计费时间，后面还有些小的工作，就不计费了。客户十分意外，他从来没有想过律师会主动退费，他觉得交出去的律师费都是退不回来的。但我居然反其道而行之，退了20万元给他。我看中的是这个客户是个杠杆客户，我退了20万元给他，对他保持坦诚，那么他也会对我真心以待，彼此的信任度就非常高了。这个客户，后来介绍了好几个大业务给我。

10.律师利益与客户利益并不一致，之所以要服务好，是职业使然

律师的利益和客户的利益是不一致的。我们经常会为了客户的合法利益赴汤蹈火在所不辞，但是其实律师费和客户的资产是没关系的。为什么这么说？因为律师没有办

法对客户的人生负责。我们在不同的立场，活着不一样的人生，我们好好做事，是基于职业责任，而非对他人人生负有责任。

谈案的标准动作

1. 五件套

谈案件要规范，要有律师的样子。我谈案件有五件套一定会出场：电脑、案卷、笔记本和笔、手机、律师证。

第一件是电脑。一定要带电脑谈案件，电脑是时代科技的最好体现，律师一定不能被时代甩在后面。

第二件是案卷。案卷会给人很大的视觉冲击。以前在大学，见得最多的档案就是人事档案，非常正式。案卷一定要用这种宗卷，放在会议桌中间，里面最好还有判决书。做交通事故案件，最好带两件东西：一是鉴定报告，二是判决书。厚厚一沓鉴定报告，无论是踝关节受伤、肋骨断裂、椎骨骨折还是锁骨骨折，你都能找到，照片等证据齐全，最好还有医院拍的片子，有鉴定报告。客户一看，各类相关案件这个律师都做过。要让客户看到律师的武器库，这很重要，这种视觉冲击感特别好。而且案卷一定是已归档卷宗，非常规整，客户就会发现原来做律师要用这么多材料，不是光嘴巴上说说就行的。

第三件是笔记本和笔。客户在说话时，你一定不要若无其事，得认认真真做记录。做案件，边缘事实特别重要。很大程度上，边缘事实决定了案件的走向。律师和律师之间，有80%的优点是相似的，而另外20%，取决于你能否做个有心人。

第四件是手机。手机有很多用途，但谈案时一定调至静音，给予客户尊重。如案件需要，可以用手机查找相关交流信息，或者后续建立联系，也方便及时对接。

第五件，非常重要，律师一定要“亮证”，要让客户看到律师执业证。记住，要把执业证往客户所坐的方向放，让他看到国徽。律师是持证上岗的，所有客户来到办公室，其实都想看一下你的律师证，但大部分客户不好意思向律师要证。如果你能主动亮证，最起码会让客户觉得你很规范。

2. 同理心

谈案要结合客户的职业体悟，才能让他更加感同身受。一次，我帮年轻律师谈顾问单位，客户是一家建筑施工企业。我问客户他们一般做哪类业务，他说做别墅装修。我又问他们一年做多少套，一套大概多少钱。在谈律师费之前，你问客户，他一般都会夸大业绩。

一定要推定客户有钱，并让自己与客户相“匹配”。比如这位客户说自己一年做几十单业务，每单收费都不低，团队特别厉害。这时律师可以说，你们企业和我们律所很像，全国有3万多家律所，我们律所可以排到前五六百名。当然这是人数规模，实力也许靠前，也许靠后，相差不会太多。你们在上海有一席之地，我们能匹配。有的顾问律师，收费很低，但顾而不问、问而不专，这样的律师就没必要找。但作为职业经理人，要让自己解放出来，将专业的事情交给专业的律师去做，这样不但可以转移职场风险，还可以把自己的时间放在做更有价值的事情上。

根据客户的职业体悟去报价。好的律师所创造的价值，远远超过律师费成本。就比如做装修，一家优秀的装修单位，会主动而为，给客户提供更专业优化的装修方案，装修费的成本，已经被其为客户创造的价值所覆盖了。谈判并非“零和游戏”，不是两方所持金钱数字的简单增减。

永远不要怀疑自己值钱。之后，我安排一名年轻律师对接这家顾问单位，他拿回来的律师费直接打了个对折。归根结底，是他没有认识到自己的价值。其实客户是有钱的，也是愿意付钱的，但律师认为自己不值钱，就打了对折回来。怎么办？我认为，这名律师就只“值”这个钱，一定不要觉得委屈，是你对自己的价值不自信。

3. 武器库

向客户展示你的武器库，而非全部武器。就像医院，它会展示自己有哪些科室，科室有哪些名医，治愈过哪些疑难杂症，但医院的药房和手术室是不让患者看的，做手术的过程患者也不能看。律师谈案，也是一样的道理。不要向客户展示所有他需要的东西，因为他没付费、没挂号。你只要展示你的武器库就可以了。

4. 用生活逻辑归纳法律问题

人的一生，不可能永远精彩。其实大部分律师的职业生涯都是在处理普普通通的案件中度过的。做刑事辩护，如果律师所有的案子都精彩，那把公诉人往哪儿放？所有案子都精彩，或者案子全程都是精彩点，说明这很有可能是冤假错案。只有整个案件跌宕起伏，你才能跟公诉人有很多辩点，没有辩点，很难精彩。其实刑事辩护，就两件事：一是事实之争，二是法律之辩。公诉人求刑，辩护人求情。

有时我们对常识过于忽视，而对理论又过于深究。律师在客户面前总说深奥理论，客户是听不懂的。所以说千万不能忽视常识，要用生活逻辑归纳法律问题，年轻律师要多见识、多总结，否则特别容易犯这个错误。

5.“教”客户选律师的标准

谈案时，客户下不了决心时，我会说：“我能理解您的心情，更理解您并不是不信任我，您千万不要有心理负担。说心里话，其实我对这个案件挺感兴趣的，也很想赚您这份钱，更主要的是我有信心能在这个案件中展现价值来实现您的目标。我可以作为您的备选人，您可以再找别的律师去咨询。多问几个终归是没有错的，但不管您问几个律师，律师到底好不好，无非看六个标准：敬业、专业、高效、主动、规范、忠诚。”

敬业是第一位的，态度决定一切。专业，是律师的基本功，你不能外行。高效，是一定要效率高，在瞬息万变的时代，要及时把客户的事情办好。主动，律师不要动不动就喊客户来办公室，要主动上门服务。规范，主要是收费的依据要规范。忠诚更是特别重要。

“假如咱们角色互换，我来挑律师，我考虑的就是这六点。”

客户听完马上会拿这六个标准去衡量你，发现眼前这位律师好像六点都具备。那行，就你吧。因此，客户无路可走时，一定要给他指一条路；客户没有评判标准时，就要“教”客户选律师的标准。

当然，不同的客户，标准次序不同。比如，一家企业拟在新三板挂牌或IPO（首次公开募股），事关商业秘密，就一定把“忠诚”放在前面，律师对客户利益忠诚是第一位的，非常重要。敢于说出“忠诚”二字的人，多半比一般人要忠诚。这是个基本逻辑，没有底气，他就不敢说出来。

客户常常推定律师有钱，本能地就想捂紧口袋。假如我们看到律师在客户面前不穿西装也不打领带，手里拿一支圆珠笔，电脑也是很旧的，上面有很多灰，客户会觉得这个律师有钱吗？如果你给他的第一感觉是没有钱，他就觉得你一定不值钱，很想赚他的钱，所以本能地就想捂紧口袋。法律服务消费是心理消费，是一个陪伴的过程。

报价的标准动作

1. 制定标准

报价的标准有三个：市场标准、时间标准、价值标准。市场标准，就是司法局关于律师收费的指导性文件。现在逐步市场化，收费问题更看重双方合意。时间标准，就是把律师当作手艺人，靠付出的时间来计算报酬。价值标准，我认为是最好的标准，你要给客户提供的是价值服务，而不是成本支出。

报价要有标准，才能让人信服。为什么好多人愿意到专卖店去买东西？因为不议价。为什么你到上海七浦路买件衣服，总觉得贵了或太便宜？总想着这东西不够好？这都是心理消费。不给议价机会，很自信，你反而觉得物有所值。

报价要考虑以下因素，不能拍脑袋：第一，工作量。人的一天只有十二个时辰，不能让自己吃亏。可以看你一年能做几个案件，案件收费要符合一年的平均标准。第二，消费能力。老百姓叫量体裁衣、看菜下碟，要注意客户的消费能力。第三，价值认可感。如果客户不认可，再多的钱也不要做。否则办案过程会让你特别难过。第四，行业标准。比如，上海的行业标准里分为“名律师”和“普通律师”，上海律师协会设有各专业业务委员会。

报价时，一定要认可自己的价值，不要怀疑自己值钱。市场标准是政府指导价，成本标准是计时收费，价值标准是风险代理。我鼓励年轻律师要敢于做风险代理的案件，有几个好处：第一，你会更努力；第二，陪客户冒把险，即便最终没拿到钱，律师也尽力了；第三，一旦赢了，偏方治了大病，客户愿意价值共享，并且感到开心。这样律师费就不是成本，而是价值。

2. 简单明了

报价的协商推演过程，越详细越好。我的做法是，对有些客户附上报价单，说明报价基于哪些因素、考虑了哪些优惠，推演下来，最终让他明白报价是如何得来的，清楚报价过程。当然，有的客户不一样，他希望千万不要复杂，就告诉他多少钱，痛快。如果弄复杂了，反而多想，所以对这类客户报价一定要简单，一目了然。

3.让客户做选择题

让客户做选择题，更容易达成一致。客户是不了解报价的，他内心就觉得律师要收他很多钱，而无论报多少钱，他都觉得多了，除非免费。因此，一定要让客户做选择题。比如许多人在填调查问卷写建议时一般都不写，只愿意做选择题，愿意从别人给的路中选一条走，这是人性。

4.降价有理由

人们不一定喜欢便宜的东西，但没有人不喜欢占便宜。喜欢讲价是人性，降价有理由，要给客户留下议价空间。有的律师很牛，没有这个价就不做，反正不缺你这一单，那是牛人。不牛的人，还是要留一点议价空间给别人的。客户讲价，怎么回复呢？你可以说：报价的时候，就考虑到是某某介绍到这里来的，我理解你处于初创期，财务预算有限，但我对你企业的未来充满信心，我相信你将来不会亏待我的。所以我的报价已经很低了，既然你提出这个问题，我得找点理由给你降价，要是真找不到理由，那对不起，你要原谅我哟。

既然喜欢讲价是人性，就必须予以尊重，因为客户是购买者。当然，你跟他一样，降价也必须有理由，其实这个理由就是人情，必须让客户欠你人情。比如，告诉客户："你跟某某一定是好姐妹，否则她不会给我打电话，也不会一个电话、两条短信跟我说那么多，这个面子我必须给。"懂人性，很重要。优秀的律师应该是人精，但绝不是鬼精。

5.帮客户算好"价值"

谈律师费，就是算账，你为客户创造价值，并从中分到律师费，这笔费用在客户收获的价值里就是九牛一毛。例如，刑事案件跟客户算"价值"：第一，你找个最普通的律师，律师费起码10万元，这是基数。第二，还有10万元，因为我有可能比他辩得好，你的老公早一年出来，少坐一年牢，多一年自由，可以在你身边多陪伴一年，顺利的话，他可以赚100万元，这样一算，你还赚了90万元。第三，我做案件真的不一样，我很在乎陪伴，对生命尤其热爱，相信我对生命的态度对你老公会有非常积极的影响。相信他出来以后，你们感情会更深，婚姻会更幸福。这期间，我会和他进行非常深入的沟通交流，也会把你最想讲的，用我的语言表达给他听。这些都是价值，都是值钱的。他对未来的信心是钱无法衡量的，比钱要珍贵多了。总之，有价值的东西都是值钱的。这也是生活逻辑，一点都不难。

法律服务的次序感很重要

1.先感动，后征服

这里想跟大家分享一个客户服务的过程：先感动，后征服。为什么先感动？这背后其实源于律师行业的一种现象。律师行业的二八定律是非常明显的。律师分为普通律师和非普通律师。普通律师就是千千万万个像你我这样的，从外地或者从乡下到城里做律师的；而另一部分律师，可能是名师之徒、名门之后。

如果你是跟我一样的普通律师，要选择先去感动别人。如果是非普通律师，或者是著名律师、品牌律师，一出来就自带标签，而且又积极努力，再加上他们的名师留了一条正确的道路让他们去走，很显然，在市场竞争中他们要优于我们。有句话说得好，叫“徒弟是师傅最亮丽的名片”。名师出高徒，大部分情况下，他可能不需要太多的动作就可以征服别人。而如果你是普通律师，就要先去感动别人，感动你的客户，而后才是征服。

我在服务客户的过程中，有两个小经历。

记得十三年以前，我刚刚做律师两年，在一个饭局上得知我的一位“准客户”跟他太太的关系不是特别好，过不了多久，就是他们的结婚纪念日。我买了很多玫瑰花，寄到他的单位去，并附上了一张卡片给他，说今天是您和嫂子的结婚纪念日，您太忙，我帮您把花买好了，晚上带给嫂子，她一定会很开心。这可能属于多管闲事，不是律师该做的事，但是作为一个年轻律师，从人性角度多关注别人、关照别人，是应当去坚持的。我刚才用了一个词叫“准客户”，在未来的路上，他不一定仅仅是你的客户，也许还会成为你的兄弟。从职业角度讲，律师多做了一件事情；如果是兄弟的话，这件事情就做对了。这位兄弟可能是上了福布斯财富排行榜的人，他并不是没有钱，也并不是不想买花，但是一系列的因素导致他没有去做这个事情，而你帮他做了。用心去感动别人并不难，难的是坚持。

另外一个经历，大概是七八年前，我做了一个案件。

在政府的信访接待室，一个儿子代表他妈妈过来，老太太有一套房子被她另外一个儿子悄悄登记到自己名下了。找我的是老太太的小儿子，这个案子如果按他的说法是能做的。但是，我没有第一时间接下来，我对他说：“你别着急，这涉及老年人的权益，我尤其慎重。”之后我立即安排时间去到他家里看了一下，发现他妈妈是一个八十多岁的白发苍苍的老太太，一年多在六楼都没有下过楼，老太太特别胖，腿脚不方便，这个房子又不是南北通透的，完全晒不到太阳。

看到这个情况，我觉得我要做两件事情：第一件事情，帮老太太把官司打赢，把房子拿回来；第二件事情，帮她把房子卖掉，买一套更小的房子，最好在一楼的，让她能有个院子。后来我也真的这么做了。这个案子，经过一审、二审、执行，最终赢了。赢了以后，老太太买了个小房子，就在她小儿子家附近，而且是带院子的。还剩下一半的钱，这一半的钱，留一半（也就是整个房款四分之一）给老人养老，还有一半让她小儿子帮她存起来。当然其中有一部分分给我做了律师费。在做这个案子的过程中，我觉得我去客户家这件事做得特别正确，我先把她感动了，并且了解情况后坚定地处理了整个案件，帮助老太太恢复正常生活，老太太真的是特别感动。

我们做律师，仅仅帮客户出个主意是不够的，要解决问题。但仅仅解决法律问题也是不够的，还应该有些延伸服务。律师提供的不只是技术支持，更是这个人；客户买的也不只是服务，更是温情的陪伴。

2. 律师办案三步走

第一步：去安慰，给客户安全感。客户到律所，律师在跟客户交流的过程中，首先要让客户安静下来，保持理性。具体做两件事：一是告诉他你对这个事情的基本判断，不要着急。我们律师内心要有个分界点，即客户找律师之前是个什么样的情况，找到律师以后又是个什么样的情况，律师要分析好这一点。二是给客户安全感。要让客户觉得律师是战友，律师要陪伴着客户一起把这个问题解决好，抚平客户的不安情绪，就会让客户觉得有安全感。从同理心的角度而言，律师一定要与客户站在同一条线上，办案中的相处和沟通才会更容易。

第二步：常常去帮助，给客户力量感。作为一个律师，在办案过程中，要常常去帮助客户。有时候，律师也需要客户协助，如调查取证、整理证据、找证人证言等。而帮助是什么呢？就是要帮客户解决他的问题，这样才会给他力量感。如果不是主动去帮助，客户就感受不到力量。律师要把客户的问题解决掉，客户才觉得律师有价值。如果做诉讼，案件要赢，这是根本点；做非诉的，律师要站在客户一方，了解客户的商业意图，想方设法地去帮客户促成交易，让客户跟交易对象实现共赢，这些都尤其关键。

第三步：竭力去治愈，给客户价值感。青年律师打造个人的IP是特别重要的，客户买的是你这个人，对这个理念的认知，特别关键。客户买的不只是你的服务，更是你的陪伴。

我跟大家分享一个案件。这是一个刑事案件，我见了当事人七十几次，给他读了五六十本书。他是银行高层，非常年轻，可能没有顶住诱惑和贪念，最后坐牢了。在这种情况下，我主要是陪伴他，我做了三件事：第一，他想见我的时候，就一定可以见到，他付的律师费对应的正是你这个人，你要做到陪伴他。第二，他对金融信息特别感兴趣，而监狱里的东西特别有限，而且他找不到交流对象，我们说“酒逢知己饮，诗向会人吟”，他需要和他的思想相匹配的交流对象。第三，让他树立起对生活的信心。坐牢并不可怕，可怕的是被坐牢打倒，人对未来的希望被摧毁。陪伴着当事人，做到以上三点，就是律师的高级阶段。

报价是技术，也是艺术

报价是一门艺术，而不只是一项浅显的技术，你怎么琢磨它都不算过分。你要做人精，不要做鬼精；要精通人性，尊重人性，不能违背人性。比如喜欢讲价是人的天性，我们就必须尊重它，否则客户也不会选择你

对生命的态度决定了律师会怎么做。要做一个好律师，要有好人品，要有职业理想，要有职业认知，要有行为模式，要有同路人。许多东西都是在你热爱生命的过程中顺便得来的。一个很好的律师，一定极其热爱生命，最终实现生意、生活、生命的平衡发展，从而收获职场的丰收、生活的幸福以及生命的丰盈。

问1：请问在线上初步接洽时，怎么收咨询费？

杨：如果刚加好友就直接报价，有的客户会觉得律师没有水平，只关心钱。我给大家的建议是：咨询一律不收费。收咨询费是赚不到钱的，咨询费可以以定金的方式收取，如果后期委托诉讼，可以折算进律师费里。客户总是想占便宜，不想吃亏，如果要收咨询费，目的最好是建立联系，维系客户。

如果客户只是来问价的，要跟他讲，其实在律师给你提供服务的过程中，不能只看重价格，还要看这个律师值不值这个钱，如果你都没有见过律师，你怎么知道他值不值这个钱呢？所以最好的办法是促成当面咨询。

问2：单位不同意接的弱势群体的案子，该如何婉拒委托，同时传递律师的温度？

杨：要记住两点：第一，不能得罪单位，不要跟单位抗衡，客户重要，但单位对你更重要，所以说单位不同意接的案子，就不要接。第二，事情还得办，怎么办？两个方法：一是用你自己的智慧说服单位接这个案子，哪怕变相免费。没有哪个单位对年轻人是不重视的，除非年轻人自己不够争气。可以跟单位说，这个人必须帮，因为帮助他以后，我获得心安的同时，能把这一类案件搞清楚，还能对社会有一定的警示作用。二是如果说服不了单位，那就转变自己的角色，由承办律师转换为义务法律咨询提供者，并为其详细列明该案件的救济途径及实现方法，得到弱势群体的理解，传递律师的温度。总之，你是个律师，接一个案子就是在做一笔生意，你做这笔生意是为了活得更好，因此，你首先要保护自己，然后再去帮助弱势群体。

我们作为普通律师，本身就很不容易，做这个事情要适可而止。弱势群体有很多，可以力所能及地去做，但不一定要用尽全部力气去做。

如何与顾问单位手牵手?

业务实战

无常法不稳，无诉讼不富

法律的内在逻辑是秩序，在商业利益、商业道义与商业规矩之间，每一位企业主都在寻求商业和法律的完美契合。“无常法不稳，无诉讼不富”，常年法律顾问是企业稳健发展的重要伙伴。

为什么说没有常法不稳定呢？因为顾问单位每年固定付律师费给律师事务所，其生命周期比自然人客户给律所个案的付费周期要长，使律所能不断有收入，而且通过常年法律顾问服务也能带动一定的诉讼法律服务。倒过来讲，如果一家顾问单位每年支出三五万元的顾问费，但一年不能派生诉讼案件，说明顾问单位的商业交易是相当僵化的，如果没有交易额，没有资本和技术人才的流动，则不可能有争议产生。没有争议解决，就没有诉讼仲裁，没有诉讼仲裁，律师就不能创收。

“无常法不稳”“无诉讼不富”，这两句话可以分开，也可以合起来。常法可以让律师有事做，有一些小钱赚，但若顾问单位规模太小，律师就永远只有事做，没有钱赚。因此，常法顾问单位不但要有，而且其商事交易能力要比较强，有诉讼仲裁类的派生服务，这样的常法顾问单位才有意义。

七八年前，我的团队有几十家顾问单位，但后来，我主动砍掉了绝大部分顾问单位。我的理解是，如果顾问单位比较有实力，但是毫无消费意愿，就不要去做。当企业主考虑的仅仅是成本，而不是风险，大力推崇江湖规则或者商业惯例时，他们根本不会把法律放在眼里。尤其是在社会还不太规范的时候，鱼有鱼道，虾有虾路，不可能把法律规则和法律常识植入这些企业主的脑海里，最后他们反而成了你的敌人。顾问单位的老总付一点钱雇的律师最后成了他的反对派，如果律师接受了这样的常法服务，那就是接受了一个敌人，不要这样做。因此，顾问单位要有，而且要去挑选，挑选它的成长性，悟透它的消费意愿。

真正做好常法服务，其实很难

常法服务，看起来简单，其实真正做好是非常难的，它比个人法律服务难很多。常法事多钱少，老板心目中认为付了律师费后，大大小小的事都得问律师，顾问单位会依赖上律师，而这种依赖不是主动的，是顾问单位认为付了律师费，律师必须把顾问单位的服务干好干完，什么时候都要接电话。我不太同意这个观点，律师不是119，不是120，律师就是律师，有固定的作息时间，是不需要时时在线的，但突发事件是例外。

常法服务经常陷入两种误区：一种是问且顾，另一种是顾而不问。有时顾问单位聘请律所律师成为顾问，但律师从来不过问顾问单位，顾问单位也不找律师，这是最低级的常法服务。作为顾问单位的律师，像是在等待顾问单位下一个诉讼争议的开始，顾问费变成了顾问单位交给律师将来帮其打官司的定金，律师跟顾问单位之间没有互相陪伴的过程，没有价值培养、价值共生的过程，这是没有意义的。顾而不问，这个顾问单位宁可不要，因为这样欠的人情更大，律师内心也会很难过，收了人家的钱一定要办事，这是对等交换；若不办事，再想续签，那时人和人之间就不自由了。顾问单位用钱买了律师的技术，买了律师的服务，律师提供技术和服务的过程，其实就是陪伴，这是最高层次的。因此，一定不能顾而不问。

要问且顾，要主动去问，主动去光顾，经常去拜访。比如，今天要去顾问单位，先跟老板打个电话或者发个邮件或微信，列举今天将要沟通的几件事。不能为了拜访而拜访，要有目的性。企业老板其实并不会主动约见律师，就像一个健康的人通常不会主动约见医生一样。

律师像桥梁两侧的护栏，关键时阻止委托人坠入深渊

律师像桥梁两边的护栏，起一个参照作用，告诉顾问单位哪里是界限，不能往下走；告诉顾问单位哪一条路是往前走，哪里是绿灯，哪里是红灯。律师要成为顾问单位稳健发展的护栏，而不能成为阻碍其发展的拦路石。律师在服务顾问单位的过程中，一定要告诉企业主哪些事可为，哪些事不可为，哪些事变通地通过技术处理也可以为，一定要有这种概念。没有这种概念，顾问单位就容易大事小事都依赖律师，而失去了独立思考的能力，以至不能适应商场的瞬息万变。

如何开拓法律顾问市场?

常法该怎么开拓?人在哪里,业务就在哪里,案源就在哪里。去哪里找企业?“钓鱼要到鱼塘”,企业一般在商会、行业协会、工业园区……一个一个去找,最终就会找到客户。

找到“鱼塘”该怎么用?给企业讲课是业务开拓的最好方式之一。另外,要对接好企业的关键人。比如,一名从湖北恩施到上海来的律师,首先应该找上海湖北省商会呢,还是找上海恩施商会呢?建议先找上海恩施商会,因为在省级商会,这名律师在竞争的时候是不具有对抗力量的。如果这名律师找到了上海恩施商会,该做什么呢?在一定程度上讲,恩施商会里的企业可能更年轻,更具有成长性,且内部律师的竞争更不充分。

接下来要做的,就是从上到下,逐一拜访商会里几位成功的企业主。拜访时是否要说自己是律师呢?不要一见面就说,因为好的企业都是有律师来服务的,企业主通常会拒绝我们。如果企业主讨厌既有的律师,就会推定我们是第二个“既有的律师”。可以跟企业主讲:“我是从湖北恩施到上海来发展的一个年轻人，因为江湖上关于您的传奇太多了，所以特别想来拜访您。如果您有时间，我们谈半个小时；如果没时间，谈十分钟也可以。我很想知道您跟我一样从恩施到上海，如何在这么一点时间里就成为传奇。您讲完以后，也许您就是我以后在上海发展路上的一盏指路明灯，说不定我们将来可以互相成就。我是一名年轻律师，我的律师事务所也像您的企业一样在不断发展，或许今后我们可以价值共生。”

先感动再征服。前辈一般不会拒绝一个虚心向上的后辈，因此，不把职务放在前面，反而容易被接受。

从上到下拜访是很好的问题解决方式和业务开拓方式。熟悉了企业主后，示范效应就会出现。另外，如果企业主身边有律师，一定要美言同行，哪怕对方真的不好，最多是不表扬，同行之间切忌互相诋毁。

如果顾问单位觉得你太年轻，则可以跟他们讲：“虽然年轻，但我是名独立的执业律师，比大咖的助理们要自信多了。”言下之意是：大咖都是让助理来完成企业法律服务的，而我是亲自为您服务的。若顾问单位觉得你年纪轻轻，5万元顾问费太多了，则可以跟他们讲：一年顾问费5万元，10年才50万元。如果不考虑GDP的增长，您的企业10年付了50万元，我相信一定是有增值服务的。我们要做的事情，是让企业主和他的企业在10年之内都不讨厌我们，都愿意接受我们的服务。如果10年来我们一直是企业主和其企业的法律顾问，顾问单位付了50万元，我们为顾问单位提供的增值服务的价值一定比这点费用要多得多。

常法服务三件事：对内，助健康成长；对外，促安全交易；对危机，化危为机

常法服务就是对内服务、对外服务和危机管理。

对内做顾问，帮助企业健康成长，帮助企业“活着”，并且活得好一点，活得久一点，这就是律师的责任。像父母养孩子一样，要让孩子安全，让孩子吃饱穿暖。因此，对内要帮助企业，保护企业一不死，二活得长，三健康。

企业作为商事主体，对外要做交易，常法服务的目的是促成企业的对外安全交易。对内是“助”，帮助的意思，而这里是“促”，促成、促进的意思。为什么用“促”呢？

当一个合同这也不能修改那也不能修改时，律师会变成交易的绊脚石。律师的法律服务是桥梁两边的护栏，我们要明明白白地告诉顾问单位怎么做，告诉顾问单位大道在哪里。我们要想方设法将“促”字刻在脑子里，促进交易并且保障交易安全。

如果碰到一个强势的甲方，顾问单位是乙方，甲方说所有的合同条款都不能做修改，作为乙方我们要不要坚持修改呢？可以告诉顾问单位的老总，这个事律师不能替您拍板，因为在法律上是有风险的，但是千千万万的企业都这么干了（也签署了、履行了），您的企业跟千万企业一样可以“活着”，但是您要活得乖巧一点，在履行合同的过程中多留点心眼。比如，批发零售企业进驻某商场去卖货，若商场提供的合同一个字都不能改，怎么办？我们可以在合同履行过程中多些手续，完备送货、验收等方面的程序和文件。我们曾做过一个出色的案件，被告是一家大型连锁超市，我们作为乙方打赢了官司。若合同不能修改，就要懂得退而求其次，通过合同履行过程中的留痕来控制风险。

对内对外而言，常法服务既帮助企业活得好，活得长，活得健康，也促成了企业的安全交易，但不等于企业就没有风险了。企业最大的危机，永远来自内部。如果我们处理好了企业的每次危机，化“危”为“机”，便有机会。比如，代理顾问单位处理群体性劳动争议案件，一定要好好与员工谈判，如果谈判谈得好，顾问单位可以最小的代价，解决劳动关系纠纷。处理完毕之后，一定要把劳动手册、劳动用工制度的补丁打上，让企业更安全。

常法律师一定要做好这三件事情：保证企业活下来，而且要活得好，活得长，活得健康，并促进顾问单位的交易安全。

1.对内：股权治理、建章立制、劳动用工、员工培训、产业关注

对内，企业的股权治理是第一位的。看顾问单位首先看其内部基因即股权架构是不是合理，而股权架构的核心是控制权。

股权解决了两个问题：一是让大家愿意来做事业；二是让最具有领导力的人控制企业，即拥有控制权。股权结构治理极其关键，其从源头到终点包括了投资协议/合伙协议/合作协议、章程、股东决议、退出机制等。但很多

老总因为并不在意这些而被人钻了空子。

我有几位喜欢健身的朋友曾在上海一家非常有名的健身会所健身，结果后来这家健身会所关掉了，因为其在引进资本后，公司控制权丧失，企业无法正常运营。做企业的法律顾问，一定要熟悉股权架构治理；作为企业的主人，一定要重视股权架构。

对内服务有几个关键词。

一是建章立制。作为常法顾问要为企业建立一系列制度，其中最主要的是两方面：第一，劳动用工制度——管人的。“人才是企业的最大财富”，因此，首要制度是劳动用工制度，而劳动法领域也是开拓常法业务的敲门砖。第二，合同管理制度——管钱、管业务的。企业发展离不开商事交易，商事交易离不开合同。合同管理制度应包括合同起草、审核及签署流程以及相应的财务管理、用章制度等。这些一定是私人定制的，各企业都不一样，需要有针对性地去熟悉和了解自己的顾问单位。

二是员工培训。员工培训主要针对的是顾问单位的高级管理人员和职业经理人。培训如果做得好，一方面可以把好的规则意识灌输给高级管理人员和职业经理人，让他们形成高管、职业经理人的自觉。另一方面，律师和企业的职业经理人建立联系以后又能发展其成为自己的个人客户，但需要注意的是两者之间的利益冲突问题，发展企业客户一定要坚守职业道德、职业纪律。

三是产业关注。常法服务过程中一定要关注企业在行业中的地位、政策。比如，做中国石油的常年法律顾问，我们要了解中国石油和中国石化在南北方的战略布局，主要的加油站及加油站的土地租赁、土地使用情况，以及所在区域的政策、安全、环保要求等。因此，我们必须了解这个产业，关注这个产业，否则是肯定做不好常法服务的。如果这一切都做好了，企业一定会健康成长。而在帮助企业健康成长的过程中，我们也在成长，企业就更离不开律师了。

2.对外：商务谈判、重大项目管理

对外服务主要包括两项：一是商务谈判，在顾问单位常法服务过程中，律师需要参与对外重大谈判。二是重大项目管理，包括重大合同管理等。很多企业是订单为王，获得某一个订单、拥有某单一的市场或者拿下某单一的客户，就是公司全部利润来源。因此，一定要管理好合同，

合同是企业的生命线。

如何管理好合同呢？要对企业合同进行动态管理，包括对重要合同的财务节点主动重点提示。比如，一个连锁酒店的法律顾问，对酒店与房东的房屋租赁合同的租金付款时间节点、租期到期时间节点，要比自己的生日记得还要清楚。若酒店没有及时交租金，就有被房东解除租赁合同的风险，而租赁合同一旦解除，酒店几千万元的装修可能就浪费了，损失特别大。

比如，我们以前有个客户，老板是做连锁酒店的，他在中国北方某市花了2000多万元开了一个酒店，酒店租赁的房子是一家地产公司的，这家地产公司有大小两个股东。后来大股东说，我和小股东快分家了，酒店如果付了租金给公司，我们还得再分配，租金就先不用给了，等我们分割好公司资产再说。这位连锁酒店的老板就答应了，连续三四个月没付租金，这就导致按照租赁合同的约定，地产公司完全可以解除租赁合同。这时小股东咸鱼翻身，把大股东打败了，拥有了商业优势，掌握了公司控制权，要解除租赁合同。当时租赁合同签的是10年，酒店只营业了一年多，老板就想把酒店和管理权卖给下家，但地产公司不同意，要求酒店做三件事：第一搬离，第二拆除，第三恢复原状。这对于酒店来讲，就是巨大损失。因此，在法律服务过程中，对严重依赖房屋租赁协议及承租权的企业，一定要熟知合同的各个时间节点，对重大项目一定要很熟悉。商场如战场，瞬息万变。

3. 危机处理：争议解决、突发事件、产业风云

争议解决。“无诉讼不富”，在解决问题的过程中，一定要高效率，早日让资金回笼，化危为机，把案件处理完的同时把相关风险的补丁打好。

突发事件。比如，顾问单位突然着火，第一件事情，肯定是要赶往现场，传递与客户同命运的心情。在去的路上，一定要打电话提醒老板该干什么，比如，打电话提醒老板，如果买了保险，一定要报案，做现场勘查，这些事情都要做到。比如，员工坠楼了，要不要去现场？得去。发生突发事件时是老板最需要顾问律师的时候，一定要第一时间赶过去，哪怕离得很远。要在顾问单位最艰难的时候陪伴它。再比如，某个大型钢厂的高炉出了问题，作为它的法律顾问，脑子里的第一个概念应当是出了安全事故，单位有义务配合调查，而不是掩盖事实。如果突然有

税务局的人上门，顾问单位的法定代表人是妻子，实际经营人是丈夫，谁去主动报案，谁去接待税务局人员，顾问律师都需要心里有数。在突发事件处理过程中，律师毫无疑问要第一时间去到现场，路上的时间也别闲着，做好沟通工作。

产业风云。作为顾问单位律师，我们需要关注产业政策和竞争对手的动态，企业在行业里的生存状况会随着产业政策调整而有所波动，一旦企业受影响，我们可能需要做危机救济、股权架构调整、破产重整等。因此，法律顾问看起来简单，如果主动去作为，真的有太多事情可做。

要做好“五懂”：懂法律、懂政策、懂行业、懂企业、懂老板

律师懂法律是基本功，但切忌在企业主面前炫耀法律知识。企业主不懂法律，我们还在其面前炫耀，没有意义。这跟年轻律师到律所面试时，我从来不会去问他们法律问题，是一样的道理。我们在企业主那里卖的最重要的东西是懂企业、懂老板、懂政策，有时政策比法律更严厉。此

外，律师还要懂行业、懂企业，熟稔企业的股权架构。

最核心的点是要懂老板，因为对于律师做的很多事务，直接感知的是老板。比如，我们是上海一家大型食品企业的常年法律顾问，这家企业在上海市中心做得很成功，在南京路有很多门店，但业务一直没拓展至高铁站和飞机场。企业老板挤破了头皮也一定要挤进去，原因很简单，不是为了赚钱，而是为了显得他的企业上台阶了，有面子，家乡父老出差来往都能看到他的牌子，他就开心。我们评估以后，觉得这个投资可能不一定行，风险太大。因为高铁站、飞机场里的一个店面每个月的租金高达40万元，成本过高。进驻就价格不菲，而进驻后装修要用指定的装修供应商，很贵，硬要进驻的话，总投入需要五六百万元。一个食品店投进去五六百万元，对企业来说风险是相当大的。作为顾问律师，我们团队亲自到高铁站选址，老板有两个选项：A选项附近出入口的列车都是往厦门、杭州、南京周围、上海周围、长三角去的客户；B选项附近出入口的列车都是往北面去的客户。我们的顾问单位卖特产，应该选A还是B呢？作为顾问律师，我们敏锐地跟老板建议选B，因为那里主要是来往北方的客人。

为什么找去北方的客人呢？南方的客人消费能力不强吗？有两个理由：第一，往南面去的人虽也喜欢送礼，但是上海和南方其他地方的特产一比是同质化的，北方人看到南方的东西则更有新鲜感。第二，许多北方人特别豪爽，买礼品时经常买得多，也不怎么讲价。我们的这个方案最终取得了成功，企业老板也更信任我们了。因此，懂老板，才能把事情做好并能和企业实现价值共生。

后来，这家顾问单位的老板又和我提到，想回老家投资政府项目。企业有钱了，为什么要回老家投资呢？主要原因是老板想衣锦还乡。我看懂了他，说你不是想回家投资，更不是想回家赚更多的钱，首先你是想为家乡做一点事情，其次你在外面打拼多年，终于可以在家乡父老面前好好地秀一把，或者你觉得上海这个城市不是自己的家，自己终归要告老还乡的。我又说这三个问题都是假命题，尤其是最后一个问题，你回不去了，你的儿子不会回去，你的孙子也不会回去。这是很大一笔投资，回家乡去做政府项目，能赚钱吗？如果管理不好，就会发现食之无味弃之可惜，进退两难，拖下去对企业来说是巨大的消耗。老板觉得我说的也很对，就放弃了这个投资项目。

为企业主服务的过程，其实是律师和企业主人生的一段重叠，做企业法律顾问卖的是律师的时间，工作都是一点一点的积累。律师通过服务为客户创造了价值，企业有价值了，律师才可以分到律师费。只有企业主开心了律师才能开心，一定要注意服务体验，最高的服务体验就是企业主高兴。有什么东西能比高兴更重要呢？

让常法的服务有形化、可视化

为客户服务的过程中，要将律师的服务有形化、可视化，否则，一年下来老板打了1000个电话给律师，却很少见到律师。作为法律顾问，就应该让企业主经常看到你。每个法律顾问单位的服务记录都必须存档，到年终时，顾问单位的档案如果特别薄，就说明律师不尽职。

要伴随企业成长，不要觉得一个单子只拿了3万元，3万元服务了100小时，一小时才300元不划算。一定要把客户服务好。在谈业务时，客户支付了3万元律师费，既然我们同意了，说明当时我们只值3万元，这是契约精神。在为企业做好服务的过程中，如果企业不续签了，或者说原来有意愿签约后来退出了，也不要觉得可惜。我有一个总结，顾问单位不付顾问费时愿意来找你，这是最好的信任；顾问单位付顾问费后找你，律师就会很忙。若客户有消费能力，但是没有消费需求和消费意愿，或者内心不想请律师，要把律师“踹”了，要不要放弃这样的客户呢？还是要保持联络，企业离不开律师，一些不舍得购买常年法律顾问服务的企业一旦出现诉讼难题，就是律师大显身手的时候。

互相陪伴，共同成长，彼此见证，价值共生

律师的工作不可能时时刻刻都出彩。在服务客户的过程中，年轻律师经常会觉得自己没卖点、没亮点，但对于企业来说，律师时时出彩，反而说明企业问题多、不规范、千疮百孔。顾问单位一般都是从事常规工作，常规工作只要标准、规范、及时、高效就可以了。

律师可以被依靠，但是不要被依赖。当企业对律师产生了依赖时，其实是一个危险的信号，说明企业没办法了，失去了能量和活力。律师和企业不应该是依赖彼此的，

律师首先要自己活得好，有独立性，在关键的时候能靠得住，让客户可以去依靠。

问1：曾经在报价时吓跑了顾问单位，这是什么原因？怎么办？

杨：若报价时把顾问单位吓跑了，有三个原因：一是没有把自己“卖好”，客户没觉得你值钱，这是核心。二是客户的预算有限，而预算有限是因为客户对企业的风险没有准确的评判。三是客户对常年法律顾问服务行业不了解。

怎么提高报价？做好三件事：一是把客户的风险穴位点透，你能点透他的穴位，说明你是值钱的。二是把自己“卖好”。什么是卖好？怎么卖好？你干过哪些事？你的专业给他带来的价值是什么？三是把行情告诉他，告诉客户世界上有两种人不能亏待——医生和律师。把这三件事做好，你一定会得到值得的报价。

问2：请问杨律师刚入行时，就有这种深刻的思想和人格魅力吗？

杨：我现在没什么人格魅力，我只是快乐了一点点。我刚入行的时候跟很多年轻律师一样，但是我有两点，很多年轻律师都没有。第一,一开始我就有良好的职业理想，一定要做合伙人，一定要做主任。第二，我知道除了努力之外，我别无选择。做了两三年以后，我过得不是特别好的时候，我认识到我的职业生涯和人生是重合的，我必须先有幸福的职业生涯，才会有幸福的人生。很多道理我十年前就明白，但十年磨一剑，十年过去才磨砺出一些好的心态。年轻律师不要着急，要坚持长期主义，把点点滴滴做好。

婚姻家事领域大有可为

业务实战

社会越文明，人就越自由，而结婚自由和离婚自由是现代人所拥有的自由的重要内容。婚姻家事纠纷不仅仅牵涉情感问题，还牵涉财产问题、孩子抚养问题等，任何一方面出现问题，在社会自由度很高的背景下，都容易导致离婚，因此，离婚案件也就越来越多。

婚姻家事案件量大，含金量也高。婚姻家事案件争议最大的问题往往不是感情问题，而是情感背后的财产问题和孩子的抚养权问题。改革开放这么多年，中国人明显富起来了。众所周知，财富可以分为两类：一类是共有财富，另一类是私有财富。而私有财富主要以婚姻家庭的方式存在，也就是说，婚姻和私有财产基本是对位的两个概念，私有财产大部分都蕴藏在婚姻家庭中。所以说，一牵涉离婚，财产分割就是重大事项。客户分的财产多了，律师费必然水涨船高。

做婚姻家事业务也更容易让律师产生价值感。律师在婚姻家事案件中肩负着修复社会关系的责任，律师的工作能够帮助那些经历痛苦婚姻的人得到解脱，重新燃起对爱情、对婚姻、对未来生活的信心。

因此，总结婚姻家事业务，那就是有事做，有钱赚，还有价值感。年轻律师一定要意识到，婚姻家事领域是一片蓝海，大有可为。

婚姻家事律师的明确定位

1.律师很容易成为工具，被当事人期望达成不现实的目标

如果当事人的预期就是惩罚对方，那么律师就很容易成为当事人的工具。当事人达不到预期，实现不了期望，怎么办？比如，当事人不愿意把孩子交给对方，你要不要教他把孩子藏起来？一方出轨了，有小三，你要不要扮演“狗仔”去跟拍，代表当事人调查取证？都不要，律师一定要有职业边界，在办理案件的过程中保护好自己，合理管理当事人的期待，根据律师的调查权限和职业边界来办案。

2.律师可以是收纳柜、保险柜，但不能是垃圾桶

接待当事人时，当事人常常对信息不加区分，好的坏

的全都倾倒给律师，但作为律师，不能照单全收。要告诉当事人：我是你的律师，有些情绪我可以收纳，有些东西我可以保密，但我不是垃圾桶，不专门收集当事人的负面情绪。当事人作为独立的人，有义务处理好自己的这些情绪，好的律师要陪伴当事人一起成长。在陪伴当事人的过程中，或者陪伴他走过一段旅程后，当事人会觉得某一天律师的某一句话一下子触动了自己。有一个客户发了一段语音给我，她说："特别感谢你帮我从失败的婚姻中解脱出来的时候，对我说'将来还要继续相信婚姻、相信爱情，找一个好人，好好吃饭，好好睡觉，好好聊天，好好享受生活'。"

3. 好的律师，是解决方案的提出者，帮法官排忧解难

对于普通家庭而言，夫妻财产中最主要的部分就是房产，在我们处理的离婚案件中八成以上都会涉及房产分割。

我们团队曾经做过一个案件，一个外地女孩嫁给了一个上海人，起初婚姻很美满，后来很不幸，婚姻中唯一的孩子因为交通事故去世了，导致两个人共同生活的纽带断裂。后来两人离婚，剩下一套男方因为拆迁得来的房子，

价值300万元。从双方条件看，男方是上海户口，这也是男方唯一的房子，房子又是拆迁得来。女方是外地户口，将来要回到外地生活。这个房子判给谁？常人理解都觉得判给男方的可能性大一点。

其实，房子虽然是男方得来的拆迁房，但是房产证上写了两个人的名字，性质上属于夫妻共同财产，男方女方都可以分得房产。律师应该给法官排忧解难，寻找解决问题的方案。在法庭上我向法官建议，对本案来说，要看谁先拿出钱来，谁能拿出钱来，房子判给谁的问题就解决了。男方拿着150万元，可以按揭买个小房子，正常生活。女方拿着150万元回老家，也可以安心生活，皆大欢喜。我提议，公平起见，先问男方拿不拿得出钱来。他说拿得出来。我问多久，他说15天。女方同样回答15天内。我又提议，谁先把钱打给法院，房子就判给谁。后来女方第三天就把钱打到了法院账户，最终房子判给了女方。

4.律师要争取的是：孩子判给谁更有利

孩子抚养权问题是离婚案件中的焦点问题，孩子抚养权判决的标准是什么呢？我做过一个案子，某跨国企业高管和某外地来沪高校女老师离婚争夺孩子的抚养权。

男方的物质条件非常好，年薪百万，婚前个人买了别墅，男方和孩子都是上海户口，爷爷奶奶都是大学教授，平时帮忙带孩子。为帮助男方争夺孩子抚养权，老两口还特意给法庭写过几封信，表示希望带孩子。女方的条件是：上海高校的老师、年薪20万元左右、外地户口、有类风湿关节炎。

这个案子听起来给人的第一感觉是孩子肯定会被判给男方，因为男方各方面条件都有优势。我是女方代理人，当时我是这样破解这个问题的。我发表意见说，我认为孩子判给谁都可以，因为离婚永远改变不了原被告双方都是孩子亲生父母的这个事实。同时我认为孩子判给原告（女方）更好，理由如下：第一，男方这边是孩子的爷爷奶奶在带孩子，说明男方自己没时间带孩子，没办法陪伴孩子，而在孩子成长过程中，父母的角色是不可或缺的。女方作为大学老师，一年有寒暑假两个假期的闲暇时光，而且更懂教育。第二，男方确实非常辛苦，一直在为家庭贡献面包，创造财富。但男方的财富是用时间甚至生命换回来的，他一年里大部分时间都在出差，与孩子见不了几面，没办法陪伴孩子成长。第三，男方有别墅，但女方也有房子。而对于孩子的成长，最重要的并不是住什么样的房子。第四，户口不是问题。因为女方符合上海人才引进的落户政策。只是在离婚诉讼中，男方不配合女方办理落户相关事宜。第五，女方是高龄产妇，生孩子的时候有类风湿性关节炎疾病，有这个病不宜再生孩子。而且女方生这个孩子的时候就曾经产后大出血，如果再生孩子，需要冒的风险太大了。

总结起来讲，女方有教育孩子的能力，教育陪伴孩子所需的时间，以及孩子生活所必需的物质生活条件。作为老师，女方特意做了一个孩子的成长计划，从孩子4岁到25岁，母爱的点点滴滴都可以看到。虽然不一定实现得了，但是这绝对能影响法官的判断。我最后跟法官说，孩子判给谁都可以，但是这个孩子是女方用生命换来的，这个世界上没有一个人会比她更爱孩子。最后法官把孩子判给了女方抚养。

在争夺孩子抚养权的时候，双方律师经常会唇枪舌剑，指责对方，美化自己的当事人。在这个过程中你不回避，也不强词夺理，而是指明孩子判给谁都可以，但是又需要把现实的方方面面剖析给法官看，温柔地给对方一剑，法官就很可能被你说服。

5.财产分割就三件事：算钱、找钱、分钱

第一，算钱。算当事人双方有哪些财产、财产表现形式是什么，分别值多少钱、在哪里、怎么评估等，全部列清楚。

第二，找钱。对方的财产线索，律师因为调查手段有限，不一定调查得到，但要尽可能地搜集到对方的银行账号，再申请法院调取其一到两年的银行流水。同时可以利用法庭调查的机会，借力打力，借着法官的权威，询问出对方的银行账号。

第三，分钱。怎么分？夫妻共同财产怎么分？法律上允许当事人约定，但这不是主流。如果没有约定，很多财产混同在一起，一般都是一人一半。

6.第一次起诉离婚很重要，不能形式化

很多年轻律师代理第一次起诉离婚时，通常为了起诉而起诉，已经打算好了6个月后再次起诉。这样是不对的，第一次起诉时我们就要按照正规的流程好好做，厘清思路，明确态度、立场、辩点，在第一次起诉时就解决这些问题。另外，第一次起诉的时候，对方通常还不大有经

验，在对方诉讼经验不足的时候，财产线索很容易挖掘出来，这样方便掌握分割财产时的主动权。

7. 离不离婚，让委托人自己决定

法律规定，夫妻感情确已破裂是判决离婚的标准，最高人民法院对此问题也做出了司法解释，然而司法解释的判断基本上都是主观性的，于是法院判决离婚的标准大多也都带有主观色彩，而感情本身也是一个主观性很强、很难用法律的天平去衡量的概念，因此，离不离婚要让当事人自己决定。

律师在接待婚姻家事案件咨询的过程中要做好两件事：第一，不能主动去促成当事人草率离婚，要让当事人自己做决定，要告知当事人，让他心里对提出离婚有一定的概念，离婚一旦开口，伤人、伤钱、伤孩子。第二，律师在陪伴当事人做决定的过程中，要与之建立更紧密的联系。我们要意识到，很多当事人最初来咨询的时候，一般是没有想清楚离不离婚的。即使最初下决心了，回去后也很可能后悔。如果律师没有做好这两项工作，一旦出现当事人当庭撤诉的情况，律师就要面对律师费退还还是不退还的棘手问题，这种情况在婚姻家事案件中很普遍。因此，我

建议律师要给自己的离婚当事人一段时间的冷静期，防止其在是否离婚的决定上反复，这样做既是对当事人负责，也避免了律师付出无意义劳动的尴尬。

以我对婚姻的理解，我认为两个人的婚姻关系要不要维系就看三个字——容忍度。能不能容忍这个人，是我通常会问当事人的问题。离开他你会活得更好吗？能不能坚定地告诉我，如果你能坚定地告诉我，我就支持你离；如果你不能坚定地告诉我，先回去冷静一下再聊这个问题。

面对第一次来咨询的有离婚诉求的当事人，我通常会明确告知其今天来可以实现两个目的：一是向我倾诉；二是我可以教你一些方法，以防万一哪天婚姻确实无法维系，可以提前做好离婚的各项准备，打有准备之仗。至于要不要离婚，今天可以先不下结论，在你考虑的过程中可以随时咨询我，和我保持沟通。

婚姻家事律师应对婚姻的本质有深刻的理解

1.婚姻中核心的三件事：感情、财产、子女

一个好的婚姻家事律师不仅仅要懂婚姻法律知识，熟

悉婚姻法律的实务操作，还要对婚姻家庭有深刻的洞察和理解。只有做到这些，律师才能与当事人产生良性的互动，才能更主动、自觉、有效地修复社会关系。对年轻律师来说，加强对婚姻的认知非常关键。

婚姻是一本读不完的书，但核心主要是三件事情：感情、财产和子女。要想接待好婚姻家事案件的当事人，一定要从这三方面下功夫做沟通。

第一是感情。了解当事人感情背景的方式有纠问式、倾听式以及纠问式与倾听式相结合这三种方式。我们可以采取倾听式，但一定是引导式的倾听。当一个人决定因离婚来找律师时，一般都是被婚姻所困，情感上几近崩溃，因此，很难表达得条理清晰，这时候就需要律师做好沟通中的引导，循循善诱。要着重引导当事人从婚前感情、恋爱过程、婚后生活状态这几个方面去梳理，这是感情方面需要重点了解的。

第二是财产。财产方面需要了解三个问题：家庭财产的主要来源是什么；财产的形式都有哪些；最重要的是，财产主要掌握在谁的手上。掌握了这三点情况以后，律师就能了解到这个家庭中谁创造财富、谁管理财富，这些都是在做婚姻家事案件的过程中非常重要的问题。

第三是子女。我们同样要了解三个问题：第一，子女跟着谁更有利于其成长；第二，子女跟谁生活的时间更长；第三，谁对孩子的感情更深，谁对孩子倾注的心血更多。

了解完感情、财产和子女这三点以后，律师对案子就胸有成竹了。婚姻家事问题无非就这三件事，抓住了这三件事，就抓住了婚姻家事问题的核心。

2. 离婚都是被动的，但被动背后有主动

一段婚姻里，一个人提出要离婚，另一个人一定不舒服。但如果一方提出离婚，那情况往往是两个人对婚姻的现状都不满意，只是其中一方对另一方有更多的不满意。在这背后，一部分人是主动选择离婚，一部分人是故意破坏了婚姻，一部分人是主动挽救过婚姻，但最终还是走到离婚这一步。

如果是当事人主动提出离婚的，律师一定要问当事人为挽救婚姻做过哪些努力。俗话说，千年修得共枕眠，两个人在芸芸众生中从相识相知再到组成家庭是难得的缘分，在走向红毯的那一刻，天下的有情人都是一样幸福的。因此，当婚姻出现裂痕的时候，婚姻中的双方都应该

主动为婚姻做点什么。

我会经常给我的当事人讲："婚姻出现裂痕的时候怎么办？婚姻双方都应该学会算术法和排除法，婚姻中幸福的事情有1、2、3、4、5、6、7、8，不幸福的事情有1、2、3。如果不幸福的事情远远没有幸福的事情多，那就把不幸福的事情一件一件梳理一下：这些不幸福的事情中有一些是立即可以改变的，那就把它解决好。有些是我的问题，有些是你的问题，有些需要我们共同解决好，分清楚责任，大家一起努力去面对。还有些事情改变不了，这时就要学会接受，毕竟人生都不是完美的。"

尤其是女性离婚客户，一定要慎重地提醒她，婚姻不易，离婚后将面对许多现实难题。律师对婚姻的理解和对婚姻问题的解答，也往往决定了当事人对律师的信任程度，当事人如果已经经历了婚姻感情中的种种恶意，她会非常期待在律师这里得到善意的对待，这也是婚姻家事律师在当事人心中建立信任感的基础。

3. 离婚是为了开始新的生活

这也是我对婚姻的理解。我会和我的当事人深入探讨婚姻的本质，逐渐与其建立信任关系。离婚不是对过去的清算，而是为了开始新的生活。因此，当当事人明确要求结束婚姻关系，但又纠结于小的成本和计算时，我会告诉当事人，在离婚过程中要算大账，不要算小账。当一个人追逐自由、开启新的生活时，对于过去的这一段已经“死去”的婚姻，就不要纠结谁对谁错。

4.婚姻是一种意愿，更是一种能力

作为婚姻家事律师，我经常在法庭上听到对方对我方原告表忠心，诸如我离不开你，我们这么多年不容易等。如果我方的证据不太充分，在应对对方的情感攻势时，作为律师一定要表达这层意思——婚姻是一种意愿，更是一种能力。仅仅有意愿是不够的，还需要具备经营婚姻的能力，一段婚姻是否幸福是双方共同努力经营的结果。

我们团队曾经做过一个案件，两个来自青岛的年轻人一起到上海奋斗，组建了幸福的小家庭，买房买车还生了一对可爱的双胞胎儿子。后来因为男方染上赌博恶习，家产挥霍殆尽，而且男方存在家暴问题，最终导致两口子昔日的幸福烟消云散。第一次诉讼离婚，开庭时，男方没有来，法院驳回了我方的离婚请求。第二次诉讼离婚，第一次开庭男方还是不来，到第二次开庭时才出庭。开庭时我

就说了这番话："婚姻是一种意愿，更是一种能力。但是本案的被告既没有意愿，更没有能力。第一，如果你有意愿，三次开庭，为什么两次不来？你没有证据证明你有合理的理由缺席。开庭都不来，你怎么证明你有挽救婚姻的意愿？第二，你更无经营婚姻的能力。曾经那么好的一个家庭现在被搞得支离破碎，你以后怎么给你的另一半依靠？怎么给孩子保障？因为你既没有意愿也没有能力维持这段婚姻，所以我请求法官解除这段名存实亡的不幸福的婚姻。"后来这个案子就判决离婚了，我的当事人也得到了解脱。遇上这种不同意离婚的"假忠心、真无赖"的对方当事人，如果能从意愿和能力两方面去驳斥对方，就能有力地揭露对方的真面目，达到说服法官支持离婚诉请的目的。

5. 经营婚姻要有共同的生活理想以及改变现实的意愿

现在的人都喜欢说理想是丰满的，现实是骨感的。但如果一个人要把骨感的现实变为能实现的理想，就必须先有实现理想的意愿。比如，原告举证说被告很多地方做得不好因此提出离婚，被告不同意离婚，同时指出了一大堆原告做得不好的地方。这时，律师反而可以把被告所说的内容拿过来用。律师可以指出，婚姻的存续应当基于双方共同的愿望、共同的意愿，现在原告起诉离婚，被告不同意离婚，但是被告嘴里又说原告一文不值，这种婚姻关系还有必要存在吗？

6. 未来的幸福是不确定的，但过去的不幸是确定的

要询问当事人，在处理婚姻问题时，除了离婚还有没有别的选择。当事人如果厘清了自己的想法，会自己去思考婚姻的容忍度问题，如果容忍不了，那就结束这段婚姻。未来的幸福是不确定的，但过去的不幸是确定的，如果律师为当事人总结出这句话，当事人头脑中立即会产生画面：一起生活的日子里，对方不但没有爱我、陪我，还骂我、背叛我。这样一来，当事人会立即做出理性的决定。在给当事人做心理辅导的过程中，要引导当事人跟对方做切割，跟过去说再见，重新掌控自己的幸福，开始新的生活。

7. 离婚归根结底是花钱买自由

离婚是为了追求自由，那就算大账，不要算小账，这是律师一定要给当事人讲明白的。不要锱铢必较，始终活在过去的阴影中。我曾经做过一个案件，离婚分家产的时

候，男方连两个卫生间里的两个垃圾桶都要一人一个。作为律师要告诉当事人，如果连个垃圾桶都要抢回来，那么这个人就永远无法从失败的婚姻里走出来。甚至对于有些金银首饰，也可以建议当事人不值钱的一律不要，值钱的一律卖掉，不给自己留下触景伤情的机会。

另外，做案件的过程中一定要向当事人反复强调，机会成本比什么都重要。要追求心的自由，开始新的生活，有些时候就必须做出一些让步。当我们作为原告起诉离婚，事实也一清二楚时，可能会遇到被告不同意离婚的情况，这是因为对方认为离婚成本高。这个时候律师就要告诉被告，我们已经起诉离婚了，一定会坚持到底，就算到两年以后也是离，结果首先是确定的。我方在等待离婚的时候，被告你也在这个过程中倍受煎熬，而且双方不会再产生感情，但在等待的过程中，任意一方创造的财富都是要分割的，被告，你要考虑好这个问题。

8. 人习惯美化自己，男性应更有担当

一旦一段婚姻陷入泥淖，当事人都习惯于美化自己，指责对方。男人大都抱怨工作好辛苦，为了养家、为了做业务分不开身照顾家庭，理由听上去冠冕堂皇，还会怪女

方不理解他。女人会抱怨自己的重心都放在生儿育女、孝顺老人、照顾家庭上面，付出了所有时光。她也会把自己描述得很完美。我经常和客户讲，婚姻就像烙饼一样，有两个面。走到离婚这一步，两个人都有错。律师可以用安慰的语气，跟自己的当事人说一句："你也有错，只是很无辜。"

有时候年轻律师会说，代理婚姻家事案件时，男当事人会说一大堆抱怨女方的话，不知道怎么去安慰他。这时律师不应该和他一起骂，可以这样说："你说的这些我都能理解，但是作为男人，就像一个房子里的钢梁一样，要顶天立地。你做得很多，但女性更不容易。生儿育女没人能替代，生育之后身材走样，职业生涯也受到影响，只能牺牲事业照顾小家。她放弃了创造财富的机会，把自己交给了家庭，你觉得自己创造的财富比她多，你比她更神气，你说说这是谁的错？"要让男方明白女人的不容易。

有的律师会有疑问，律师接受当事人的委托，不是要维护当事人的利益吗？我想说的是，承认对方好不是难事，不要总站在道德和正义的制高点，但要记得强调我方更好。作为婚姻家事律师，不仅要维护当事人的合法利益，还要兼顾社会公平，修复社会关系。大部分女性拿到分割到的财富后，都会用到孩子身上。离婚案件中女性对孩子的坚持比男性要强，但往往谁争取到孩子谁越累，谁对孩子花费的心思就越多。律师应当鼓励男性在离婚中做出一些让步。

9. 人的一生，都在为“所有权”这个概念所苦恼

缔结婚姻以后，男人会说，这个女人是我的；女人也会说，这个男人是我的。这其实都是误解，婚姻不代表一个人所有权的归属，婚姻仅仅是有限的、附条件的一种支配权，而正是对所有权的误读扼杀了婚姻两情相悦的美好，使婚姻最终变成了爱情的坟墓。婚姻中不能缺少爱，而爱是个动词，需要去行动。婚姻是动态的过程，需要经营才能成就好的婚姻。那么，怎么经营才能成就好的婚姻？也许就是我们一直在倡导的理想关系：彼此自由，互相成就，一起变老。

问1：《民法典》设置了离婚冷静期，为离婚设置了门槛，这种制度设计你怎么看？

杨：我觉得评价一项制度，你不能直接下结论说好或

坏，只能说哪个是优选项，哪个是次选项。

第一，我认为婚姻自由不是绝对的。婚姻的背后是人的欲望，人的需求，人的无奈。婚姻自由，包括结婚和离婚自由，都是相对的，不是绝对的。

第二，很多人在离婚的过程之中，是不够冷静的。而且现在有些人是为了做成一些事情而离婚，如为了买房子离婚等。我认为非常有必要设置一个期限，让当事人冷静下来。

我个人还是倾向于支持设置离婚冷静期的，人生路漫漫，一辈子很长；30天的考虑时间，其实很短。

问2：离婚案件中，当事人有时候会情绪失控，如何引导当事人走出负面情绪？

杨：这个问题没有统一的答案，大体可以从以下三个方面引导当事人。

第一，告诉他婚姻发展到今天这样双方肯定都有责任，可以恰当地指出一些他的错误，引导他走出埋怨的情绪，别让他总觉得全是对方的问题。

第二，告诉他既然选择离婚，就要从过去的阴影中走出来，情绪失控解决不了问题。要不要离婚，让当事人自己选择。

第三，要帮助当事人树立对未来、对婚姻、对爱情、对自己的希望，他自然就会忘却过去。

总之，一个律师自己的成色怎样，也会影响当事人。律师是金子，当事人也会跟着发光。好的律师要和当事人同频，一定要懂当事人，才能帮助他摆脱负面情绪。

刑事辩护的魅力与价值

业务实战

律师界说刑事辩护是律师业务中的皇冠，也就是说，这是最好的业务，很多大律师都诞生于刑辩业务。律师如果没有做过刑辩，会是职业生涯的一个遗憾。我一直倡导年轻律师不要惧怕刑事案件，如果有机会就要用心做几件，是一定会有好处的。

为生命辩护，为自由辩护

做刑事辩护首先要知道我们是为什么而辩。

为生命辩护。这里的生命不仅仅是案件中具象的生命，应当对此做更加广义的理解。宇宙中什么最贵？生命最贵。什么的生命最贵？人的生命最贵。

为自由辩护。人人生而平等和自由。失去自由，那生命也犹如困兽，没多大意义，所以自由也很重要。

刑事辩护律师要做好两项心理准备：第一，我该不该辩，该不该为坏人去辩护；第二，我该辩什么。就这两件事。

要不要做辩护这个事情本身就像我们的职业定位一样。人的生命和自由就像飘零的树叶，如果没有人为生命辩护、为自由辩护，多少人会因此失去生命和自由？所以说，律师做刑事辩护是一件非常高尚的事情。

刑事辩护是不是就要对抗？

很多人不理解刑辩律师为什么要为“坏人”辩护。如果从道德层面评价，问题是比较复杂；如果从法律层面评价，这个问题其实也很简单，因为刑法规定，未经审判前，任何人都是无罪。律师的辩护工作是在确定有罪之前，所以严格意义上，律师是为“无罪之人”辩护，直至其接受法庭的公正审判。

刑事辩护常常是需要和办案机关对抗的，这里的对抗包括两个层面：首先我们寻求的结果是对立的，一方要追究当事人的刑事责任，而另一方主张当事人无罪、罪轻或应减轻处罚。其次，我们的辩护方法和他们定罪的方法也对立。但方法和结果都对立，并不意味着我们的最终目的是对立的。法律共同体追求的最终目的都是正义，虽然没有绝对的正义，但正是因为我们有着共同的追求，同样的信念，法治才得以实现。

事实之争，坚持客观主义；法律之辩，坚持专业主义

在刑事案件的辩护中，事实之争要坚持客观主义。坚持客观主义要求律师摒弃自己感觉到的客观事实，努力去还原证据所反映的客观事实。

在我办理的一起受贿案中，有两笔可疑的流水，其中1000万元已经查明，还有另外1000万元侦查机关提供了部分证据，包括行贿人在银行提取现金的记录、视频，装车的视频以及车辆到达车库后的录像，用来证明我的当事人收到了其中的1000万元。对此，我的当事人完全否认，认为没有直接证据证明钱是交付给他的，而他也的确没有收到这1000万元。作为律师，我主客观上都不能确定他是否拿走了钱，根据证据以及我的分析和认知，我的结论就是：客观上的证据没有办法证明他拿走了这1000万元，就此节事实而言，我的当事人无罪。

接下来我们律师的工作就分为是去说服还是去证明。我和我的当事人沟通了两件事：第一，证明你构成犯罪是办案机关的事情，法律没有规定你该自证己罪；第二，任何一个交易行为都要完成交割，公安机关需要证明行贿人的箱子里面的确装了1000万元现金，并且把现金交给了你。你到底有没有收到，只有你自己知道。天网恢恢，疏而不漏，如果收到了，你一定要认，不认的后果很严重；如果没有收到，就一定不要认，要相信法律是公正的。

这段话里面有几个理念。第一，除危害国家安全、公共安全，以及其他严重危害他人人身、财产安全的犯罪事实和信息外，律师不能检举、揭发自己的当事人，公民有检举揭发犯罪行为的义务，但律师不可以，这是律师的职责所决定的。同理，医生能不能向别人说自己的病人得了什么病？不可以。第二，坚持无罪的推定，不能凭自由心证去评价自己当事人的行为。当证明犯罪行为的证据没有形成证据链时，在律师的心目中它就应该是无效的。第三，坚持客观主义，认真研究客观证据所能证明的客观事实。

法律之辩要坚持专业主义，如果只是狡辩，那是非职业行为、非专业行为。当事实没问题，能形成证据链时，当事人认，律师也认，但是法律上的争辩依然是必要的。我经常会在开庭之前把辩护词给检察官，在开庭的时候我也得到过检察官的表扬，并且当场获得检察官对我的辩护观点的认可。在这个过程中，控辩双方的互动特别关键。在整个辩护过程中，法律之辩一定要坚持专业主义，专业辩护应当是律师的基本操作。

按价值顺位，无罪辩护是第一选择

很多人，包括年轻律师的理解就是，公安局和检察院花了这么多精力，案卷一大堆，这个人肯定犯了罪，不然不会莫名其妙地去抓一个人，准备这么多证据。这是什么思维？这是有罪推定思维。而作为律师，案件到我们手上，无论是从法律规定还是从意识的决定上，我们都要先说服自己，关于当事人是否构成犯罪，其实最客观的现实是，任何一个人在经过法院宣判，判决生效之前都是无罪的。律师要意识到，事实和法律都还没有经过法院的认定，此时的当事人更应该被认为是无罪的。

在无罪的思路之下，审视侦查机关提供的证据，再初步判断当事人是否构成犯罪，之后才是决定做无罪辩护或有罪辩护。

之前我做过一个信用卡诈骗案，后来是按照妨碍信用卡管理罪处理的，这个案子到了检察院我们才介入。因为案值比较大，网上有铺天盖地的新闻，中央电视台也进行了报道。当时因为年轻，参加辩护的时候，没有“无罪辩护是辩护人的第一选择”这样的理念，我认为这个案子的当事人毫无疑问会被判有罪。结果仔细看完材料才发现，我的当事人始终是零口供。

基本案情是，有人在法国伪造了5000张高仿真的信用卡，从法国辗转运到海南，再转到上海，最后运到日本去，我的当事人是负责搬运的，在上海杨浦港转运时被抓。警察提审时问：“你知道皮箱里面装的是什么东西吗？”我的当事人说：“不知道。”警察说：“如果你不知道为什么鬼鬼祟祟的，从海南到上海的路程中频繁换车？”我的当事人说：“老大说了，这是掉脑袋的事情。”根据这一陈述，刚开始我就觉得他有罪，看完材料仔细分析以后我还是觉得他有罪，因为他明知这种行为是违法的，这是前提。

但这个案子应该辩无罪。如果有罪，那么犯罪嫌疑人就一定要明知道皮箱里面是什么东西。比如，里面装的明明只是面粉，他的老大却说是白粉，是“掉脑袋”的事情，但面粉一定不能构成犯罪，只是因为这种所谓的对违法的认知就构成犯罪吗？当然是不构成的。

我们综合辩护意见认为：第一，当事人是扛皮箱的搬运工；第二，当事人是在执行老大的命令；第三，对于皮箱里面到底装的什么东西当事人不清楚。后来这个案子退侦了两次，但检察院还是想起诉。我们做无罪辩护，写了非常详细的辩护意见，继续跟主诉检察官做艰难的沟通。在沟通的过程之中是有对抗性的，因为我们坚定地认为当事人是无罪的，而检察官明确地告诉我们检察院的观点是认为其有罪。后来这个案子在我们多番努力之下，最终以不起诉结案。

这个案例充分说明，无罪推定应当作为我们律师的第一选择，第一辩护方向。基于无罪推定，直到发现明确有罪的证据再去作罪轻辩护，这是我们的基本工作思路。

穷尽手段把被告人该享有的“量刑优惠”拿回来

对于确定有罪的当事人，我经常这样对他们讲：你的行为是构成犯罪的，但是你的犯罪行为是有“折扣”可拿的，把这个“折扣”拿到将是我工作的重点。很多刑事案件中，嫌疑人的犯罪行为是客观的，基本已经确定下来，这时律师的辩护思路就只有“拿折扣”，这个“折扣”既包括法定的，也包括酌定的，一定要拿回来，这是我们的工作重点，要全力以赴为当事人去做罪轻的辩护。

我做过一个涉税的案件，嫌疑人涉嫌虚开增值税发票，公安机关抓捕他的时候没有持任何手续，只是告诉他到公安局协助调查，便让我的当事人上警车。我的当事人当时拒绝上警车，开着自己的车，由警车带路到了公安局。后来，检察院不认定我的当事人构成自首，结案报告里说我的当事人是“被抓”后被押送到公安局的。在法庭上，我问：“‘被抓’两个字，一个是‘被’，一个是‘抓’，这个案子里有‘被’吗？有被强迫吗？我的当事人是自己开的车，那叫‘被’吗？‘抓’，什么叫‘抓’？就是我抗拒，你带我走，并且是采取强制手段。而这里既没有采取强制手段，没戴手铐，也没有处于被动，警察只是带路的。”后来这个案子在法院审理阶段被认定为自首。

此外，为当事人开释的时候，一定要结合实情，去考虑他本身的犯罪行为究竟给国家、社会、他人带来了什么样的破坏，社会秩序如何恢复，犯罪后果怎么弥补，当事人在事前和事后尝试了哪些补救措施。最后，这个涉税案件中，我的当事人被判得很轻，虽然金额很大，但只判了四年。法院的判罚既不是机械地去判刑，也不是单单靠刑法这种强有力的外力让犯罪嫌疑人接受惩罚。判罚一定是惩罚与教育相结合，帮助恢复社会关系的。

还有一个案子很有意思。三个人在我办公室跟我讲完他们的犯罪经过后，我做了几件事：一、明确地告诉他们构成犯罪；二、告诉他们逃不掉法律制裁；三、告诉他们如何去争取到更好的“量刑优惠”，就是去自首；四、具体告知了他们自首的途径和方式。

我让他们离开我办公室后就去自首。本来说好一起去的，结果其中一个人说肚子疼，要上个厕所，便从厕所窗户爬出去单独自首去了。其他两个人是被抓的，后来，自首的那个人的家属想委托我，我觉得单独自首的这个人人品非常不好，直接拒绝了，最后我接受了另一名同案犯的委托。单独去自首的那个人因有自首情节，后来被取保了。我阅卷后，发现他没有及时供述主要犯罪事实，我认为他不构成自首，也多次和他的家属讲这个，并要求他做好被收监的准备。开庭时，当其他被告人一个一个被押上来时，他大摇大摆地走进来，很厉害的样子。开完庭他当场被收押。

为什么？他自首不彻底，前三次都没有如实供述自己的主要犯罪事实，躲躲闪闪，第四次才说，检察院认为他构成自首是不当的，估计有案外因素。庭审中，法官问他为什么前三次都不说实话时，我就知道这个自首要被取消了。他的辩护人还在弱弱地坚持认为他构成自首，而没有做出正确判断，随机改变辩护角度。

如果是我，我就会说，即使不构成100%的自首，那也要区别于一般的坦白。我们想一个问题，他就差这么一点点，不构成100%的自首，能不能构成90%的自首呢？一个行为，是由部分组成的整体，我们可以具体细化他投案的过程与行为。但是如果你辩护说构成90%自首，法院会不会采纳？100%不会采纳，没有构成90%自首一说，要么构成要么不构成，但是法院在量刑的时候很有可能会往下降。

回到客观事实，他的确主动投案了，而且第四次说得很完整。尽管他自作聪明，自我保护，浪费了一些司法资源，但是还不至于全部否定他的主观意愿。

律师应该及时调整策略，据理力争，动之以情，晓之以理，也许结果会不一样。

公诉人求刑，辩护人求情

我们做刑事辩护的一句行话叫作“有冤喊冤，无冤求情”。有冤你就要大声地喊出来。很多情况下，你不能直接说这个案子错了，因为错是一种客观存在，而冤是什么，冤是主观的，当你大声地把“冤”字说出来时，在司法机关办案人员的脑子里面留下的主观印象其实是不大一样的。

没有冤的时候要为当事人求情。公诉人有向法院请求刑罚的权利，我们作为辩护律师也应当敢于向法官求个情。

我做过一个银行工作人员受贿的案件，当事人是非常优秀的一个中层干部。我就跟法官讲："我的当事人一路走来表现特别好，但是没有顶住糖衣炮弹的诱惑，导致他这艘船翻了，他一分钱还没来得及花就被抓了。按照他的涉案金额，至少要判十年。因为人生中的一个闪念，铸成这么大的错误，他可能一点儿不冤，但在一定程度上来讲，可能还是人性的原因，我觉得在人性的面前，我和您也都是个普通人，我们应该有同理心。"

坚持效果辩护，拒绝"套路辩"

有的时候我们律师经常会在有罪推定的前提条件下再翻公诉案卷，在里面找对自己的当事人有利的信息，甚至挑出个别错别字就主张疲劳审讯等，这些其实没有意义。

律师所采取的辩护策略应当是为了辩护效果服务。我办过一个盗窃案，当事人被指控入室盗窃四次。但是公诉人就只提供了几组证据：第一组是受害人的陈述；第二组是鉴定报告，鉴定报告里面也是大量的受害人的陈述，没有赃物，没有票据；第三组是笔录，笔录里面我的当事人是零口供，不承认盗窃；第四组是测谎结果，显示当事人高度撒谎；第五组是烟头的DNA鉴定，但是从现场勘验笔录以及侦查终结报告等材料里面发现共计有三个烟头，其中只有一个烟头的DNA跟我的当事人的DNA基本一致，对其他两个烟头上的DNA没有进行提取。

此外，这个案子的涉案金额是4.7万元，按照当时的规定，基本上是偷一万元判一年，如果认定是入室盗窃还要翻倍计算。因此，这个案子怎么去辩？我选择做无罪辩护。

定好了基本的辩护思路，接下来就是有针对性地进行“效果”辩护，也就是说，要在心里形成一个概念，我的辩护应当达到什么样的效果。首先，这个盗窃案的公诉证据中存在的问题我一个也没放过。我当时就讲了几个问题，第一个就是DNA，现场有三个烟头，其他两个烟头为什么没进行检测？其他两个烟头跟我的当事人的烟头是什么关系？三个烟头的位置在不同的材料里面是不同的，是不是人为原因？存不存在他人作案，把当事人的烟头扔到里面去的可能？第二个问题，测谎结果。测谎结果不是刑事犯罪证据里面的任何一项，测谎是对主观意识的评测，并不客观。第三个问题，鉴定报告。鉴定报告只有一个被害人的陈述，并且被盗的是黄金，是没办法做精准的价格鉴定的。如果被害人说自己被偷的是泰坦尼克号里面的珍贵宝石，那是不是就代表着我的当事人一辈子都出不来了？这项鉴定明显达不到高度盖然性。

做这个案子的过程中，我的第一选择是无罪辩护，第二选择是坚持客观主义，第三选择是坚持效果辩护，第四选择是保持对抗。这样的案子如果不去对抗，律师稍微松懈一点点，控方一定会认为我的当事人毫无疑问是有罪的。

最后这个案子还是判了四年有期徒刑。客观讲法官并没有判错，只是我作为刑事辩护的律师，就得按照上面的思路去辩。如果做刑事辩护的律师没有强大的心脏，就很容易随波逐流，经手的案件全都遵循着固定套路进行“套路辩”，这样律师就只是一个传话筒，没有存在的意义。

刑事辩护的价值感

我特别想说一下我理解的刑事辩护的价值，这是支撑律师在刑事辩护路上持续走下去的内核。刑事辩护的价值具体表现在五个方面。

第一，防止冤假错案。一个案件到底是不是冤假错案，我认为律师必须能准确判断。防止冤假错案，这是刑辩律师的第一功能。

第二，依法、有效、理性辩护，争取让委托人受到从轻处理。对抗是刑事辩护的天然属性，在这个过程之中并不妨碍我们保持辩护的有效和理性，刑事辩护律师最应该把一件事情刻到脑子里面，那就是我们的权利来自当事人的委托，我们能站在法庭上对抗控方，是因为当事人赋予了我们这项权利，所以我们应当理性地对待案件，保障当事人拿到最优的量刑。

第三，架起被告人与家人之间沟通的桥梁，帮助其家人恢复生活。这点极其关键，因为当事人的自由一旦被限制，唯一能帮助他的人就是律师，此时律师也应该做一些延伸服务，尤其是在现在的刑事审判政策之下，架起他们与家人之间沟通的桥梁，对当事人来说也是一种好的服务体验。

我们律所的刑辩律师都有个习惯，每次去会见当事人之前，都会打电话给当事人家属，询问有没有什么话要带，有没有什么问题要处理。当事人会觉得这样的律师是敬业的，他也就会多一分希望。会见完以后，还要马上让当事人家属的电话响起来，向其汇报情况，帮助当事人与家人维持联系，恢复生活。

我做过一个绑架罪的案件，当事人一审被判了死刑，二审维持了死刑判决。这个当事人当时只有20岁，他的妈妈40多岁，当时我就帮助她去找高龄妇女怀孕的一些方法及注意事项，列成清单给她。后来我的当事人被执行死刑前，他的妹妹出生了，这件事情无论对当事人还是他的家属来说，都是一件无比宽慰的事情。一个新的生命降生以后，应该能减轻前面这段所带来的一些伤痛，对此，律师有时候完全可以多做一些事情。

第四，点燃被告人对生活的信心，为回归社会做准备。坐牢并不可怕，可怕的是被坐牢打倒，对未来失去希望。我接手过一个案件，当事人被判了9年，我在为他服务的时候去探望过他很多次。这个当事人是一个高智商的人，他对财经类的东西特别感兴趣，为了达到更好的会见效果，我会读一些财经类的书，然后跟他去交流。在交流的过程中，我始终跟他强调，他依然年轻，出来以后跟以前没有大的区别。未来是可以通过我们之间的交流预见到的，他应该对未来充满信心。

第五，积极进行普法教育，让被告人做守法公民。把案子办好的同时，还要让当事人从失败的教训中走出来，对他进行普法教育，防止其再犯错。律师是肩负普法教育任务的第一线工作者，每个律师都应该是普法战士。

不遗余力地“办理”别人的人生，不知不觉成就了自己的人生

刑事辩护有着它独特的魅力。第一，探索真相。很多律师尤其是刑辩律师都喜欢看侦探片，剧情越复杂，过程越艰险，结局越震撼，往往越吸引人。刑辩律师在办案时也会一直思考几个问题：到底是谁？结果会怎么样？为什么是这样？第二，竞技对抗。控辩双方的对垒，也是一种专业度和精神力量的竞争，这个对抗里面有技巧、有学问也有乐趣。第三，不负所托的成就感。一个刑事案件，尤其是涉及生命的案件，做好了会非常有成就感，因为这世上最可贵的无非是人的生命和自由。

在浙江金华我办过一起刑事案件，当事人一审被判处死刑，二审委托我辩护。基本案情是我的当事人喝醉了，带女友回酒店，女生觉得不便就走了，后来当事人凌晨两三点钟醒来发现女友不见了，就跑到楼下去问保安有没有看到她。保安说没看到，他又问保安到底有没有看到，保安说没看到就是没看到，语气比较硬。于是他就把那个保安揪过去，用随身带的刀捅了两下，把人捅死了。

这个案件最关键的点在于，我的当事人随身带的这把刀是不是提前准备的，有没有预谋，激情犯罪和有准备的预谋杀害是不一样的。在以前，农村的无业青年经常会挂一串钥匙链在腰间，作为一种时尚，钥匙链子上面一般都有一把小刀，这把小刀可以日常用，也可以防身，我的当事人作案时就是用的这样的小刀，所以可以认定他持刀的行为本身不是预谋。另外，他当时捅人的时候，没有捅头颈部，某一刀虽然捅到了心脏，认定故意杀人没有问题，但不能认定他当时是直接想要人命，杀人是间接的。

二审的时候，我在高院见到了法官，在辩护之外，我还说了很多，如：我的当事人是有罪的，故意杀人罪没问题，但是我觉得可以留他一条命。法官、律师、检察官都应该尊重生命，有一条生命已经没有了，而这条20岁的生命如果随之而去，会是复仇主义的胜利，是这个世界的悲哀，但凡能找出一点点理由让我的当事人活下来，都要把他留下来。十年以后，如果法官想起这个案子，觉得不应该判死刑，法官的内心也许会愧疚。人的生命是不可逆的，对待别人的生命，怎么谨慎都不过分。

我的努力最终感动了法官，辩护成功，二审改判死缓。这个案子原本希望渺茫，我为什么能坚持到最后？就是因为我始终觉得，做刑事辩护的律师真的是要有一种情怀，要先推定你的当事人无罪，之后尽你所能去辩护，当最终不负所托时，成就感会非常大。

第四，不遗余力地“办理”别人的人生，不知不觉成就了自己的人生。我们有句话讲，你办的不是案件，而是别人的人生。其实，律师办案办的何尝不是自己的人生？当你不遗余力地“办理”别人的人生时，也会在不知不觉中成就自己的人生。办刑事案子久了，如果你能成为一名成功的刑辩律师，那你的内心将相当强大，抗压能力将特别强，更主要的是你会更加热爱生命，会觉得生命和自由是如此宝贵。

问1：刑辩律师总是接触社会的黑暗面和负能量，会认为世界很黑暗吗？如何保持阳光面和正能量？

杨：我有一句话经常说给自己听，如果内心有阳光，就不惧怕黑暗。做刑辩律师会感受到这个世界不是你我能左右的，黑和白也不是你我能左右的。只有一样事是你我能做到的，就是保持阳光。从夹缝里面挤出的阳光，我们都应该静静地去享受。只要热爱生命，一切都会变成生命的自觉。

问2：大部分年轻律师对庭审都有一定的畏惧心理，如果代理的是重大刑事案件，会感到压力巨大，年轻律师如何减轻心理压力？

杨：年轻律师在庭审时感受到巨大压力，最主要的原因是对自己的价值无法认可。再年轻的律师也是职业律师，他只需要鼓起勇气把事实和道理讲出来。要问自己，有没有尽力？办理刑事案件，你有没有全力以赴？如果你全力以赴了，就会慢慢认可自己的价值。

03

【个人规划篇】

律师的有效表达

个人规划

有效表达，一字千金，应该是每位律师对自己的期待。好的表达，是一个人内心真实情感的自然流淌。律师的有效表达应做到两点：第一，要有真情实感；第二，要自然地流淌。其实很多人在情感上是慢热的，我们既要做一个情感真实、丰富的人，也要做一个懂得有效表达情感的人。

语言的目的，是一颗心温暖另一颗心

语言通常有两种用途，一种是传递温暖，另外一种是作为武器或工具。而在我们的日常工作和生活中，语言更应用来温暖身边的人，这是表达的高级形式。人与人之间最重要的就是温暖，用四个字来说，是互相温暖。

表达不仅限于语言

“表”是物理展示。

“达”是化学反应。

表达不仅限于语言，你的穿着、表情、肢体动作等，都是一种表达。但语言表达是所有表达的核心。“表”是物理展示，“达”是化学反应。大家可以把它作为公式，放在我们日常工作和生活中套一套。你会发现，大多数人的表达往往只有一半，通常都是为了表而不是为了达。遇到语言水平很高的人，你会发现他说的好多话都是表和达的结合。因此，以最有效的方式传递让对方可以感知到的信息，才叫真正的表达。

如何有效表达？我建议大家从表和达两方面入手：第一，输出的内容要符合“人性”；第二，输出的方式要“俘获”人心。

表达的内容要符合“人性”

1.发自内心地尊重别人

发自内心地尊重别人，说话才“好听”。一千个人就有一千种生存方式和一千条生活道路。比如，律师上班的办公楼里有保安。保安其实是一个很重要的职位，他可能不是你的核心客户，但你的核心客户在停车和走进大楼时的体验，却很可能是由保安所决定的，或受到他们很大影响。我建议主动跟保安打招呼。其实先伸出温暖的手，他会更开心，更受触动，也更会记得你。

2. 恰到好处地赞美别人

中国有句老话叫，礼多人不怪。这里的“礼”，可以包含两层意思：一是礼物，二是礼貌。人人都喜欢被赞美，人人都值得被赞美，人人都有可赞美之处。尺有所短，寸有所长，每个人都有美好的一面。用欣赏的眼光来看，他人的长处就有很多。赞美别人体现的是一种胸怀，更是一种智慧。

3. 坦然接受美意，真诚表达谢意

中国人性格大都委婉，喜欢谦虚，面对他人的赞美，往往会不好意思接受，反而选择拒绝或否认。其实最好的表达方式，是坦诚接受别人的美意。比如有人说你是个优秀的律师，能力强、人品好，这个时候他对你是表达了美意的。你如果说“我还年轻，还需要努力，您过誉了，过奖了”，这些话都是无效表达。这时候你要坦然地接受美

意，真诚地表达谢意，并以此找到与客户的有效链接。有什么样的客户，就有什么样的律师。反之亦然。

表达的方式要“俘获”人心

1.坦白是最大的自信，自信是最大的自由

人与人交流，最大的障碍是不坦白。要克服这一障碍，我的方法是，把你心里最不敢讲的话讲出来。作为年轻律师，经常会被客户问执业多久了，这类案件做得多吗。执业初期我也遇到过。有个离婚案件的客户，在签好了委托合同后，看上去仍然有些犹豫，最后她终于忍不住问：“杨律师，您做过多少个离婚案件呢？”说实话，那时我刚执业两年，离婚案件确实办得不多。但我知道，无论我回答哪个数字，她都不放心或不相信。因为，她所担心的是我没有类似的办案经验，害怕案子办不好。

于是我说：“××女士，我特别理解您的心情，您可能觉得我比较年轻（那时还未结婚），心里不踏实。其实，这类案子是我们律师最常见也是最传统的案件，我从做徒弟的时候就开始做了……”客户听了，放下心来，这就是

很好的坦白式交流。我与她之间的障碍，也因为坦白而消除了。

2.巧戴“高帽”成就客户

前几年我接待过一个上海本地知名龙头企业的老板。他的企业因经营不善，欠了巨额债务，濒临破产，到我这里寻求帮助。

企业寻求危机救济时，企业家在律师面前是“灰头土脸”的，这时他的内心最需要的是安慰。我了解到，这位企业家已做了14年纺织业，他是他的朋友圈里唯一没有去投资房地产的人。人家都发达了，他却一直坚守，做最传统的纺织业。因为整个纺织行业在出口端的一些问题，他的企业陷入了危机。

为了让客户更能听进我的建议，我马上给他戴了“高帽”。我说您是我见过的最有行业忠诚度的民营企业家。您不是盲目跟风的人，人家做房地产就也做房地产。作为上海本地孕育起来的一家龙头企业，您不仅仅想“养”好这群员工，更想让这块牌子不倒，您这样的企业家特别难得，我很感动。

“高帽”戴完后，你再进行忠告就会很顺利。坦白地讲，这番话是我真实情感的自然流露。面对这样一位企业家，我真实的情感就是想要安抚他、表扬他。也许他曾内心挣扎过，自己要不要也去开发房地产。但是我坚信，他一定是出于对纺织这个行业的热爱，才坚持了这么久，这是很真诚的表扬。

3.争辩不是最好的表达方式

律师的工作场景，是由辩论、谈判、演讲、说服、写作等不同输出方式共同构建的，好的语言表达要求我们在各种场合全方位地提高自己。

律师最容易与人争辩，但争辩从来不是最好的表达方式。我有一次办理刑事案件，有8个被告人、16个辩护人，公诉人阵营也很强大，在审理过程中控辩双方一度吵得不可开交。我发言时说："我们有共同的目标，就是帮助法庭查明事实，让法庭依法作出裁判，检察官和律师因为职业不同，对待同一个问题有不同的解读是正常的，但我们的目标只有一个，如果大家能同意我这个观点，那接下来的法庭辩论，能否用讨论的口吻来进行？"审判长回应说："我特别同意杨律师的观点。"

法庭辩论当然可以用讨论的方式进行，只是语言表达方式不同而已。言之有物、言之有理、言之有情，表达要求我们输出的内容要符合人性，输出的方式能俘获人心，而不应是毫无意义的拌嘴。有时年轻律师跟司法工作人员聊天总有心理障碍，可能是自动把自己放在不平等的地位上。因此，克服表达障碍，有效表达，有时比知识、技能更重要。

有效表达的小示例

1. 日常交流

我们小区有一名业主发现有老人在小区里随地小便，便将这一“不文明”行为拍下来，打上马赛克后传到业主的微信群里。群里业主普遍的情绪是愤怒和谴责。作为律师，我要不要发言？如何发言？我觉得律师应当充当修复社会关系的角色，于是我就按照下面三步进行了发言。

首先，我称赞了看似先“挑事儿”的信息发布人：“您之所以把照片打上马赛克，不是因为胆小怕事，一定是因为内心善良而不忍。”

其次，发表自己的观点：“我个人觉得，以后碰到这样的事情，都不要指名道姓地曝光。相关的人，一定会自我检讨或提醒家里人注意，不过不要拍照发出来，人哪，脸皮是不能撕破的。一旦破了就不好修复。”

最后，表达理解：“老人在道路旁边小便有多种原因，可能是身体原因，来不及了，可能是习惯不好，但几乎可以排除是恶意的。如果我们曝光了，老人和他的儿女会难为情，虽然说会进一步注意提高自己及家人的修养，但如果儿女在气氛不好的时候教育了父母，对父母一定是个不浅的伤害。我们是高端小区，虽然提倡树立文明的风尚，这需要大家共同努力，但我们的行为也得温柔有度。”

总之，遇到比较棘手的事或带情绪的人，要先问候，先赞美别人的行为，这样就有机会创造出一片祥和。人和人的内心都是差不多的，要将心比心。

2.客户交流

我们讲，坦白是最大的自信，让大家把心里最不敢讲的话讲出来。其实，还有一个和客户交流的准则：把你最想讲的第一句话收回去。怎么理解呢？举个例子：案子结果很满意，客户说：“谢谢您杨律师，您辛苦了！”绝大多数人回复的第一句话都是“不客气”“应该的”“感谢信任”等。记住，你最想讲的第一句话，通常是所有人都会讲的那句，而这一表达在律师沟通中属于无效表达。我更建议您这样讲：“这个案子对您来讲太重要了，我心里的一块石头终于落地……”

3.与法官交流

有个合同纠纷案件，到法院开庭，客户与我一道前往。承办人是一位年轻法官，还没开庭就直接说：“杨律师，这个案子案由有问题，要不你们考虑撤诉吧？”客户一听有点蒙，我心里有数，立马向法官表示：“首先感谢法庭向我们释明案由，坦白讲，立案时我们也很纠结，我们团队就本案到底是联营合同纠纷还是租赁合同纠纷反复研讨过，之后才提起诉讼。这份《商铺联营协议》名为联营，实为转租。”

法官不等我讲完理由，直接先入为主，气氛一度变僵。我随即表示，需和客户到法庭外商量，再做决定。安抚好客户，我们回到法庭，我先用第一招“把内心最不敢讲的话讲出来”，我对法官说：“××法官，坦白讲，我心理压力真的好大，刚才客户在法庭外也对我们的专业度提出质疑……”法官赶紧解释说：“杨律师，我不是这个意思，我是想跟您探讨，那您说一下具体意见。”然后，我们深入交流，年轻法官在我的建议下又去找庭长请示，认为所立案由正确，并顺利开庭。

有效表达，可以让你职场丰收、生活幸福、生命丰盈

有效表达就是一个人灵魂仓库里的传输带，好的语言可以表达观点、知识、情感、价值观、智慧、喜好等，如表达不到位，即便灵魂再丰盈，也只能算是一座深藏于地下的金矿，没办法挖掘出来。

当然，好的表达是需要练习的。就像一把刀子，一定是越磨越锋利。律师，尤其是年轻律师，一定要抓住机会积极表达，增加机会有意识地去说、去表达。可以说，表达是最便宜的，也是最贵的。

律师办案，绝不能外行。律师不能只耍嘴皮子，专业建设、灵魂丰富、情感真实都需要有知识、智慧、代理思路做填充，这就要求我们要好好感悟生活，体悟人性。好的内容，要符合人性；好的方式，能俘获人心。希望大家都能有效表达，从而赢得职场丰收、生活幸福、生命丰盈。

打造良好的客户体验

个人规划

青年律师往往会有这样的困惑：如何才能打造良好的客户体验？律师向客户提供的是法律服务。如果说一件商品，它更注重实用，对应的是一种满足；那么服务本身更在意价值，对应的是一种体验。

什么是客户体验？

法律服务中的客户体验，是律师跟客户互相陪伴的过程中给客户的一种感受。当然，这种感受是多维度的，既有对过程的感受，又有对结果的感受。

良好的客户体验，是客户对感受的满意度很高，它是服务者的最高追求。这一追求，贯穿了客户对律师三种价值的认可：程序价值、实体价值、附加价值。程序价值指的是律师工作的完成性，如立案、保全、出庭等所有律师都可以完成的事项；实体价值，指的是有些案件，A律师与B律师办理，可能因诉讼思路和说服能力的不同，导致案件结果有差异；附加价值，是指在法律服务过程中，对客户的温情陪伴和品格影响。

律师提供的服务，是基于客户的授权。比如，一名刑辩律师，面对客户愿意认罪认罚的案件，要坚持做无罪辩护吗？作为律师，虽然有独立辩护权，但在行使独立辩护权时，是否要让客户坚决不认罪？不是的。客户经过司法机关的开导或教育，可能认为认罪认罚是他最好的选择。接受当事人委托的最高追求是良好的客户体验，而良好的客户体验之一是能从轻处罚，而不只是律师逞一时口舌之快，在法庭上滔滔不绝地辩论。

我曾办过一个重大刑事案件，其中有一名辩护人，是法律行业新媒体刑辩大咖，传说中其法庭辩论之精彩尤为外界夸赞。庭上，被告人认罪认罚，但这名辩护人坚持无罪辩护，公诉人当庭撤回对该被告人适用坦白从轻情节的量刑建议。这一情景，让我印象很深刻。

良好客户体验的要点

1.职业表达是最好的基础

客户对服务提供者本身做出的一个正面的判断，就是良好的客户体验的开始。律师在法律服务的过程中，提供什么样的服务，首先应该有个前提——你是作为一个什么样的人来提供服务的？这就类似于一名医生，尽管他医术高明，但如果他今天没有穿白大褂，即使拎的塑料袋里全是名贵药品，病人也很难信赖他。职业形象是最有效的表达。如果客户不信赖服务的提供者，那他对所提供的服务就很容易产生怀疑。

作为律师，有两件事情很重要。第一，服务提供者要符合客户对他的期待。律师应该是什么样子的？从外表来说，比如，作为一名男性刑辩律师，首先，要西装革履，这点一定要做到。其次，要目光非常坚定，说话掷地有声。通过个人形象和语言表达，让客户感觉到你就是一名专业的刑辩律师，之后才是服务本身。

第二，律师的语言表达也要符合客户的期待，不能拖泥带水、故弄玄虚。同时，客户到律师事务所来咨询委托，一般会带一堆材料，而律师如果只拿一部手机，给客户的感觉就不太好。因此，律师要格外重视接待过程中的习惯。比如要有谈案五件套，这一点在前面的章节有详细讲解。

2. 用户思维，要与客户同频

用户思维的关键是要成就客户。站在用户的角度，就是坚持“产品思维”还是“服务思维”。“产品思维”认为律师本身是个产品，卖的是功效；“服务思维”认为更重要的是客户体验。

要从客户的个人背景、职业体悟、即时需求出发考虑问题，提供服务。中国有句老话叫将心比心，就是说要多站在对方的角度思考问题。我们团队的律师曾处理过一件居间合同纠纷案。客户在某省级城市建了一个非常大的城市综合体，定位是打造高端的世界顶级轻奢品牌集合群，并专程到上海请了一位圈内很有名气的业务员去代理招商入驻。后因招商情况不理想，客户就自己组建招商部自行招商。之后提起诉讼，要求对方退还450万元招商费。

这个案子，客户是开发商，很有钱，股东又把他派作职业经理人负责招商。那他的需求是什么？是为了450万元吗？并不全是。所以律师要站在客户的角度思考：第一，他气不过；第二，作为职业经理人，他要对其他股东有个交代，毕竟这个人是他引进的。

办理这个案件时，我们发现他儿子很优秀，但是父子交往的方式是典型的家长式。父亲希望儿子争气，儿子也挺争气，但父亲对儿子的优点即使看到了也总说没看到，所以他们沟通就不畅。在做这个案件的过程中，我们就向客户建议，能不能让他儿子参与案件的一些材料的整理工作。第一，可以帮我们一点小忙，提高我们的工作效率；第二，可以让他从这个过程中知道该怎么经营管理。

同时，要对客户的职业体悟感同身受，跟客户同频。争议中的30个商铺有30份商铺居间合同，我们到每个商铺都进行了走访，并做了记录、拍照、谈话等，这些之前客户委托的律师都没做，但我们做了。客户的体验是，这名律师比客户都认真，虽然作为大老板，但客户并不知道有争议的具体是哪30个商铺。

3.深究理论，更要注重常识

专业技能是律师的基本功。但很多案子成败的关键，往往在于案外的边缘事实，而非案件本身。我们有时会对理论过于深究，却对常识视而不见。年轻律师缺乏常识的主要原因是律师普遍入行较早，没有足够的社会经验和阅历，行业内也没有规范的律师培训制度和培养政策。

年轻律师要熟悉职业规范，坚持职业操守，要心存敬畏，要有涵养，会与人打交道，不能只是年轻气盛，满嘴“硝烟弥漫”，处处“刀光剑影”。古人说，腹有诗书气自华。我们读书是为了达礼，而达礼的最基本含义是能够与人和谐相处。青年律师要有底线意识，不能急功近利，要清楚自己的职业边界，哪些是律师可以做的，哪些是律师不可以做的。

如何打造良好的客户体验?

我总结了职业五进阶：善良以待、职业操作、温情陪伴、品格影响、适度关切。

1. 善良以待

善良，是一切服务的底色。善良以待，就是律师要能够比较愉快地跟人打交道，被大多数人喜欢。年轻律师怎么被客户喜欢？其实所有人都更喜欢爱笑的人，喜欢更乐观的人，喜欢更勤奋的人，那就多微笑、更乐观、更敬业一点。当他人有法律需求时，或许第一个想到的就是你，你的机会可能就比别人多。被喜欢才会被信任。

永远以最大的善意面对他人，不惮以“最坏的恶意”做好方案。不得不说，现实中有不少恶意的人，更有一些贪得无厌的人。对待这种人，要不惮以“最坏的恶意”去做好方案。作为律师，要保护好自己，保护好自己的善良不被人伤害、被人利用，否则，也会影响到以后的职业认知。

律师是社会关系的修复者。代理案件时，律师善良以待，抱有一颗良善之心，或许更能促成双方利益平衡，最终帮他们修复已经撕裂的社会关系。其实，诉讼不是你死我活、你输我赢的“零和游戏”，可以实现双赢。因此，律师不用无穷无尽地保护己方当事人的利益，而过分打压对方。对对方善良以待，修复社会关系，这种价值引导本身就非常珍贵。

2.职业操作：敬业、专业、高效、主动、规范、忠诚

体面，是律师职业的应有之义，而体面的核心，就是职业化。职业化体现在律师提供法律服务的过程——职业操作中，具体可归纳为六个词：敬业、专业、高效、主动、规范、忠诚。

敬业，排在第一位。很多时候，态度决定一切，年轻

律师说自己有多么专业，客户可能不信，但对其敬业的态度却能第一时间感知到。敬业可以弥补专业上的不足。

比如，一个医疗事故案件，客户可能会问律师办过多少个相关案件，这时，年轻律师完全可以坦诚地讲："我很理解您的关注，是的，任何律师都是经过大量案件锻炼，才变得更加专业的。不过医疗事故纠纷的案件无非是要解决三件大事：第一，有没有过错；第二，如有过错，过错比例是多少；第三，按什么标准赔偿。律师只要不外行，专业上胜任肯定没问题，关键要看他会不会把您的案子当回事。我虽然年轻，但您的案子我会作为首要在办案件来对待，更重视，更敬业，全力以赴。"

专业，是职业操作的核心，律师以专业收获认可，赢得尊重。通过法律职业资格考试只是拿到了从事法律职业的入门证，并不等同于成为法律专家。一名专业的律师，不仅需要思路清晰，能正确理解适用法律，还要有较强的思维能力，充满力量，把客户从纠纷中"拽"出来。

成功案例，是律师最好的专业名片。因此，我一直鼓励年轻律师将办过的案件复盘整理，输出为专业文章，执业之初就开始培育自己的专业品牌，强化专业标签。专业能力是基本功，律师既要练好基本功，又要让客户切实地感知到你的专业。

高效，及时响应，往往是案件制胜的关键，也正是年轻律师的优势。执业初期，我代理过一个买卖合同纠纷案件，对方是一家国企，拖欠客户公司货款。案情不复杂，在接受委托并收到律师费后，我第一时间完成了民事起诉状、财产保全申请书、担保书等立案保全手续。当晚我驱车两个小时，到客户处盖章。次日立案后，正好收到了对方还款。或许对方还款并非因为被起诉，但唯有比别人更高效，才能更好地维护客户权益，律师也才能更心安理得地收取报酬。

主动，便是天堂。人在哪里，案源就在哪里。在与陌生人交往时，永远先于别人伸出你温暖的手，如果合适，主动与人互加微信、建立联系；办案过程中，主动向客户汇报进展，让客户的电话响起来；法律服务完结，可帮客户复盘或向客户提供法律服务报告，主动让客户的生活变得更好。律师要主动帮助客户恢复生活状态。我经常跟客户讲一句话："您请了律师后，要做的第一件事情，就是让自己从案件中解脱出来。"

执业初期，客户质量不高的时候，客户到律师高大上的办公室里来时，是心中不安甚至有点害怕的。在谈案之前或签合同时，一定要让客户来一次，让客户看到律师的办公室有多么好，从这里请的律师，也更有底气。但合同签订后，律师要多走出律所大门，到客户那里上门服务，更好地了解客户。年轻律师尤其要多走出去，不能动不动就把二郎腿一跷在办公室等待客户，或动不动就叫客户来办公室。

规范，让执业更长久。律师执业的规范，主要体现在两个方面：一是收费规范，二是办案规范。关于收费规范，年轻律师经手的所有案件都要规范开票，绝不能案外收费，要熟悉律师收费管理办法，掌握哪些类型的案件不得风险代理，避免被投诉。

办案规范体现在律师的文书和行为规范上。比如民事起诉状、民事上诉状、再审申请书等法律文书的称谓、请求等是否准确，是否有相应的法律规定；一份规范的文书，对错别字更是零容忍。又如刑事会见，不得向犯罪嫌疑人传递物品、文件。只有规范执业，才能长久。

忠诚，是律师职业的基本要求，也是最高要求。我代理一家混凝土公司向总包单位催款，立案起诉后，混凝土公司的老板将我推荐给他的一位朋友，也是起诉这家总包单位的。在旁听庭审后，这位朋友很满意，也决定委托我代理案件。坦白讲，我那时缺钱，自己很想赚这份律师费，但还是非常坦诚地拒绝了他。这个案子，我是可以代理的，但因为欠款人是同一家公司，当它资不抵债时，双方是有一定利益冲突的。客户知道后，觉得律师非常忠诚，不仅出具了豁免函，还陆续向我委托交办了更多案件。

3.温情陪伴

客户买的不只是服务，更多的是陪伴。服务是个陪伴的过程，尤其是律师这种专项服务、专业服务、职业化服务，更需要温情的陪伴。因此，律师“卖”的不只是技术，更是律师这个“人”。

《中伦的秘密》一书中讲了张学兵律师与某知名企业创始人的故事。跟客户一起成长，大客户有可能是因为陪伴而来的。因为客户买的不只是服务，更多的是陪伴。我觉得这一点特别重要。

我曾办过新疆某地当时最大的遗产继承案件。客户是一个90后的小姑娘，英国知名大学毕业，回国后放弃了自己的创业梦，听父亲的话，回新疆接手家族企业。她父母离异，父亲先后娶过两任妻子，第一顺序法定继承人共7个。父亲去世后，留下巨额遗产。

在提供法律服务的过程中，我能感受到她一人在新疆的孤单和对未来的迷茫，她并不热爱父亲的地产开发事业，且很多事情在父亲去世后变得尤其艰难。作为律师，我们是要劝她分毫必争，夺回公司控制权，还是让她“算大账不算小账”，早点离开这个地方，开始新的人生？无论如何，我都会对客户说一句话：“我会陪着你，把这些都处理好。”

年轻律师一定要跟客户讲，我会陪着你把这个事情做到什么阶段。律师的服务是一段期限、一段陪伴，一定要讲自己在陪伴当中会做些什么。

我团队的律师办过一个动迁案件，客户一家三口花了所有积蓄在上海买了一套动迁房，房子装修完就住进去了，十多年还没过户。等到要办过户时，上海新出台限购政策，他们被限购了。当时房子已从70多万元涨到近500万元，房东想撕毁合约，以客户没有购房资格为由拒绝过户，要求解除合同。

在这个案件办理过程中，我就跟客户讲了两句话：第一，我们会陪着你把房子拿回来，如果真没拿回来，我们也要陪着你，尽我们全部的力量；第二，从表面上看这是房产争议，但它不只是个法律上所有权的问题，而是你们一家人后半生的保障。如果没有这个房子，你们将没有地方可住，可能也无法在上海继续生活下去。这个案子经过起诉，撤诉，再起诉，再撤诉，又起诉，最后赢了，成为上海首例购买动迁房未溯及既往审查购房资格的案件。

所以说，律师办的不只是案件，更是别人的人生，是普通人的辛酸苦辣。

4. 品格影响

品格影响，是律师的增值服务。律师提供法律服务，要让客户从争议和纠纷中解脱出来。一个品格相对完善的律师，给当事人的附加值是极高的。

律师服务，当然要为当事人解决问题，但最重要的是做两件事：第一，把这个事情从当事人的生活里面抽离出来，告诉当事人把它交给律师；第二，展示律师的态度，让客户在办案过程中，从律师身上以及律师给的良好建议中，重拾对人生的乐观态度及信心，这一点是极其关键的。

尤其是做刑事辩护的律师，我觉得品格影响更加关键。刑事案件里的被告人中，遭受牢狱之灾的不一定都是彻头彻尾的坏人，但是他们在一定程度上犯了错误，这时律师的人格影响对他们重新走向社会，重新燃起对生命的信心和希望，是有积极作用的。

5.适度关切

适度关切，就是当律师做完一件案子后，还需关切当事人。不能把委托当成一锤子买卖，做完就结束了。尤其是年轻律师，一定要让客户看得到你。如果他看不到你，你就得看到他，再让他看得到你。适度关切，会让客户看得到你，但是要掌握关切的程度，切莫超过职业边界。

这就类似于提供售后服务，案子做完了以后律师要适度关切，才能保持有效的深度的连接。但这种关切和谈案、办案的关切是不一样的，叫适度的关切，售后服务不要太深入，尤其是婚姻家事律师。要牢记两点：善意和适度。

在打造良好的客户体验上，不同的律师有不同的风格，每个律师也都有自己的心得和方法。无论如何，作为职业人士，律师都应有职业标准动作；在标准动作之外，再增加自选动作，附加个性化服务，根据客户的不同需求做调整。有什么样的律师，就会有什么样的客户；你是一个什么样的服务提供商，客户就有什么样的客户体验。

打造个人品牌的30个微习惯

个人规划

在现代社会，个人品牌的价值和影响不容忽视。奥维德说："没有什么比习惯的力量更强大。"本章将从最贴近工作生活的微习惯出发，一一为您呈现如何打造完美的个人品牌。"微习惯"的含义有两层：一是不积跬步，无以至千里，小习惯，成就大事业；二是习惯以细微化的方式展现，影响人的方方面面。

律师品牌=人+品+牌

什么是律师品牌？律师第一是"人"，第二是"品"，第三是"牌"，人+品+牌=律师品牌。

社会大众对律师作为人的基本要求是全方位的，其中有三项最关键：善良、力量和思想。

善良。善良是做人的底色。律师见过太多牛鬼蛇神，见过太多刀光剑影、光怪陆离，世间的种种苦难和辛酸可能都见过，律师应更加懂得善良的珍贵。

力量。无论从事的是诉讼业务，还是非诉讼业务，律师都需具有力量感。若所有案件当事人都能自己解决问题，就不会找律师；既然当事人找律师，我们就得有力量推动事情的发展和解决。比如，在非诉案件中，推动项目发展，促成双方交易；在诉讼案件中，主动为之，争取为当事人获得好的结果。力量包含两层：第一，给当事人希望。让当事人对未来充满希望，本身就是一种力量。第二，通过律师的努力，案件或项目有了更好的解决和推进的可能性，这也是力量。

思想。律师是读书人，我们得有思想。律师的目的是修复社会关系，律师的思想应该是希望人类社会变得更加美好，更加和谐，让人们活得更好。

若有了善良、力量和思想，律师作为“人”就是过关的。

品——敬业、专业、高效、主动、忠诚、规范

品是品格、品质。律师的品格和食物品质不一样，和其他职业的品格也不一样。律师的品格在于：敬业、专业、高效、主动、忠诚、规范。

若做到这些，律师的品格和品质就都是过关的。

牌——标志、显性

牌，代表凭证和标志，并具有显著性。律师作为人，若本身是善良、有力量、有思想的，职业行为是敬业、专业、高效、主动、忠诚、规范的，再加上足够的显著性，律师品牌就形成了。

IP=“原产地”标志

律师的思想、行为、技术等从“原产地”诞生，律师有人、品、牌，就能形成自己独特的“原产地”标志，区别于其他律师，更有显著性，更值钱。

30个微习惯=获得业务+做好业务+幸福生活

人一生的习惯有千万个。从获得业务、做好业务和幸福生活的角度而言，律师必备30个微习惯。

获得业务的10个微习惯

1.广告习惯：天天见（让人看得见）

律师要获得业务，必须拥有广告习惯，即让人看得见。数字网络化时代，若不被看见，则无法获客。年轻律师应该有广告习惯，而且是“天天见”，一定要刷存在感，让潜在客户看见我们，见到之后不讨厌我们的同时还能发现我们具有为其提供价值的潜在可能。

广告是信息轰炸。目前最重要的广告平台之一是自媒体微信。客户越来越忙，越来越不愿去见律师，但背后会去了解律师，这时律师的个人微信展示就非常关键。调查显示，律师界大咖每天都会发大量广告，不仅会发自己的，也会发有关行业或同事的。做律师一定要让人看得见，因此广告特别重要。

微信展示有哪些注意事项？

（1）微信名称。若律师的微信名是英文、数字等，就无法体现个人品牌和律师职业能力的积累。“行不改名，坐不改姓”，年轻律师的微信名可直接用自己的名字加职业，比如杨林兵律师；若已是大咖律师，拥有自己的“原产地”标志，微信名可直接用自己的名字，展示自己是谁，职业是律师。

（2）微信所在地。加微信时，会看到各种所在地，如巴基斯坦、巴勒斯坦、阿富汗、伊拉克、毛里求斯、圣马力诺等，有些地方甚至不太为人知道，有的更让人觉得是战乱、复杂之地。“原产地”是哪里，除了真实，更要清楚，符合客户期待，比如在上海做律师，可以直接标注“上海”。

（3）微信的个性备注或签名。个性备注或签名是广告词，但好多律师的这一项是空白的，甚为可惜。创办申同的前几年，我的备注是“在悲情的世界里深情地活着”，这句广告词代表了我那两年的心境，在大家的不信任和嘲讽中，我坚持做了申同。但人应该向着阳光，这个世界根本就不悲情，阳光永远只温暖喜欢它的人，对大白天也拉窗帘的人，阳光怎么能温暖到他呢？于是我后来将备注改成了“自律、情深、靠谱、有趣”。再往后，我找到了创办幸福申同的使命：“致力于探索普通人走向成功的方法，帮助更多人获取幸福”，吸引和靠近更多有此追求的人，助益行业和社会。很多同行会忽视备注或签名，但这是广告位中最重要的，一定要用好。

（4）微信朋友圈图像。包括背景图像和个人头像。背景图像，可以是我们的职场、家庭、风景、与法律有关的标志等，但不能放让人感到不适和费解的图像。个人头像，若是年轻律师，资历尚浅，没有选择，建议用个人商务照，并要到专业照相馆拍一张最好的个人商务照。

该如何发微信朋友圈？

微信不是个人的心灵花园，而是不限量的免费广告牌。

朋友圈内容应该是多方位的：（1）自己的律师身份。（2）在什么样的事务所执业？（3）同事们都如何——爱说、爱笑、爱风景、爱运动？（4）擅长什么领域的法律业务——公司商事、婚姻家事、刑事辩护、建筑房地产？（5）对社会、行业有哪些观察、思考和观点？（6）若是足够自信的朋友，也可以晒晒家庭。有人认为孩子不能晒，其实没有太大关系，孩子终究要走向社会的。

发朋友圈的频率。每天1至3条比较合适。我比较自恋，每天有很多美好的事物想和人分享，有时会任性一下发很多条。但有几点切记，就是律师的朋友圈不要发负能量的东西，不要发微广告，比如卖鞋之类的。

2.链接习惯：主动找人（人在哪里，案源就在哪里）

主动伸出我们的手，主动说出我们的问候。据研究，95%的人不会主动伸出手、主动开口，如果能做到“主动伸出手，主动问候”，我们就属于剩下5%的优秀的人，更不容易错过另外95%的人。

有一次我去参加一场直播，小助手把我拉到一个微信群里，包括我在内有五位律师在群里，我主动加了主办方成员的微信。其中，有位法律新媒体“××先生”的×帅，他很主动地私信我说“杨兄幸会”，我马上回复“大帅，终于等到你了”，非常同频的沟通。我们俩都是特别主动的人，明明初识，他称呼我“杨兄”，我称呼他“大帅”，一点都不虚伪，一点都不献殷勤，是非常主动和热情的行为，一秒钟内把关系推进了好几步。

人在哪里，案源就在哪里。和人交往，应主动去建立链接，主动去找人。我们要先伸出温暖的手，先致以真诚的问候，一定不能等别人开口，等别人伸出手。“山和山不相遇，人和人会重逢”，要广结善缘，主动链接。

3.开拓习惯：先感动，再征服

开拓客户时，不要一上门就说“想做你的业务”，这就像在公交车站台盯着人的腰包一样。若被人这么盯着，任何人都会本能地用手捂住口袋。律师也一样，千万别盯着客户的口袋，越盯，客户捂住口袋的手捂得越紧。怎么办？改掉盯着别人口袋的习惯，要先感动再征服。

先感动。不建议律师做无用功，律师可以没有价格，但不能没有价值。有时律师服务没有价格，但对客户是有价值的，客户获得了律师的价值，欠了对价，可以让客户不付钱，但必须让客户欠下律师的人情。再征服。用律师的专业、人格、魅力和服务精神征服客户。

4. 微笑习惯：善良以待

世上最美丽的语言是微笑。律师很容易板着脸，即使案件赢了。其实庭上两方律师无冤无仇，没必要板着脸。板着脸不是解决问题的方式，微笑才是。必须笑，要养成微笑的习惯。我们律所有位律师，他的脸长得稍微有点凶，我建议他每天对着镜子笑一笑，现在他的表情变得比以前和善多了。人们都喜欢和善的人，要看起来和善就一定要发自内心地多笑。笑表示善良、善意。律师要养成微笑的习惯。比如，在保安亭寻求帮助，打招呼前，先笑一笑。微笑是解决问题的利器。

5.分享习惯：主动站在光下，更容易被看见

分享就是主动让自己站在光下，这样更容易被人看见。分享是胸怀，更是智慧。尤其是年轻律师，应当找准一切机会分享。比如，可以对大家说："我初来乍到，能力一般，但有两项做得还可以，跟大家分享一下，在以后的路上，很想得到大家的支持、与大家合作；如果说得不对，还请帮我指出来。"如此，教学相长。

6.输出习惯：以讲课和写文章等方式持续稳定创造内容

输出和分享类似，但又不大一样。分享的目的是被看见，输出强调的是好内容。输出是向客户、同事、朋友等输出个人认为比较好的东西，并通过讲课和写文章等方式持续稳定地制造和创造好内容。持续地输出是最好的输入，在不断输出的过程中，自己也会不断地提高，像新陈代谢一样，输出后自己像被清空了，然后不断更新知识库。

7.守时习惯：从不迟到

养成守时习惯，即从不迟到。守时是做一切事最基本的原则。不守时，很容易被人认为不靠谱。我们可以主动把手表调快5分钟，做到永远提前到，永远不让客户、法官等。

8. 合作习惯：无私帮助，合作共赢

一枝独秀不是春。尤其是年轻律师，接到案子后，喜欢自己闷声做案件，对不擅长的案件可能还会做砸；但若能主动找有经验的同事合作，不仅能取长补短，彼此赋能，同事未来也会找你合作，长期来看，收益也不会差。如今想凭一个人好好做事、做成大事是不现实的。合作才能共赢，一定要学会与人合作，无私地帮助他人。

9. 用户视角习惯：学会站在对方的角度看问题

律师常说“我认为怎么样”，其实客户想的跟我们不一样。比如离婚案件，律师不能在客户一说完就劝其离婚，这是不可以的，会让客户没有安全感。我们可以教教客户怎么控制家庭财富，怎么与现在的另一半打交道，客户也许就会感觉更好。不能用产品思维，动不动就“我认为怎么样”；应该有用户思维，站在客户的角度看问题。

10. 养成与客户产生价值共生的思维习惯

律师得有价值，并与客户共生，帮客户办好事情，客户支付律师费，这是价值共生的思维习惯。

怎么才能价值共生？（1）促成交易。律师不是拆台的，无论是诉讼还是非诉律师，都要努力促成交易。比如，客户买房，律师到现场，说房子不能买，为什么？是1、2、3三个非法律问题。这不是律师要做的。房子要不要买，客户说了算，但是买房过程中，从法律角度分析客户的商业角色和法律风险，是律师该做的。（2）解决问题。诉讼律师一定要解决问题，若不以解决问题为导向，则会增加社会矛盾或使社会矛盾复杂化。在解决问题的过程中，还要帮助当事人恢复生活。比如，离婚案件中的当事人为什么而奋斗？主要是三个方面：一是自由，恢复自由身；二是财产分割，将房子、车子、现金等分割好，若有孩子，将孩子的抚养权、探望权安排好；三是恢复生活，从现在的矛盾中脱离出来，恢复原本的幸福生活状态。律师要帮助当事人恢复生活，甚至改善生活，而不是破坏其生活。

很多律师的思维习惯是帮客户工作，付出了时间和精力，就要收律师费，而不是看案件效益，这不是与客户价值共生解决问题的思维导向。

做好业务的10个微习惯

做好业务的10个微习惯贯穿从开始谈业务到最后归档

的全过程。

1. 接待习惯：谈案五件套

如何接待客户？有的年轻律师拿着一部手机就去接待客户了，这不可以，应当带上谈案五件套。这一点前文已经讲过，在此不再赘述。

谈案五件套都是道具，道具到位，客户会认为律师带着生产工具，不只是凭借一张嘴。再细心点，根据个案不同还可带更多东西。

2. 开场习惯：掌控开场节奏，学会用“套路”

谈案时，年轻律师常不知如何开场，遇到强势的客户，处境则更难。有的客户一进门就说“我今天找你解决××问题”，谈话瞬间成了客户的主场。

律师要坐在最自信、能控场的位置。在客户来之前演练一下，选好椅子，避免椅子是坏的、坐上就塌下去的，若律师个头不高，如此一坐，气场就没了。当然也不能把坏的、塌掉的椅子给客户坐。要调整好椅子的高度，和客户“平起平坐”。

律师还要主动讲明今天要解决哪几件事。先和客户说明时间，如告知客户今天大概用一个小时。然后告知客户接下来要做的事：第一，了解基本案情；第二，初步分析判断并给客户一些建议。在此基础上，如果客户认为有必要请律师，我们也基本值得客户信赖，则谈合作条件。

（1）了解案情。有两种方式：纠问式和倾听式。比如交通事故案件通常不适合倾听式，因为客户不知道要说什么，说不到重点，会浪费很多时间。律师应主动问客户：什么时间、在哪里发生的事故？我方人要紧吗？伤得怎样？对方死伤情况如何？我方使用的是什么交通工具，对方使用的是什么交通工具？伤者在哪里就诊？医疗费花了多少？有无后遗症？还要询问双方主体信息，包括是否购买保险，买了哪些保险，保额是多少，保险公司是哪家，等等。如此，三分钟就能全部问清楚了。

如是离婚案件则通常不适合纠问式。也许客户刚刚遭受了家庭暴力，纠问式会让客户感觉自己又碰到了审讯。要倾听，但也不是一直听，要有互动。客户描述遭受家暴的过程时，可以说“我们特别同情您的遭遇”，在客户最难过、最悲伤的时候，律师要升华式地安慰，既要表达出特别理解她的伤心，也要总结她幸运的地方，不能让她认为自己是这个世界上最受伤的人。

（2）分析判断及建议。找到案件的核心争议点，围绕案件的核心争议点进行初步分析判断，为客户分析A、B、C、D多种案件走向和处理方案，再做自我优化的判断，并告诉客户在多种路径中哪条路径最优，为最终谈合作提供基础。

（3）合作条件。若案件可做，则向客户表达“通过前面大量的沟通，您应该对我的水平或观点有了初步认识，如果您认为需要请律师，而我又基本能获得您的信任，我们就可以合作，律师服务的价格条款允许双方协商”。要足够自信，按我们的流程推进，牢牢把控住谈案接案的“场”。

3.分析习惯：法律规定—法院判决—自我优化判断—给出建议

分析案情时，有的年轻律师习惯说“这个案件您可能会输掉”，但当当事人问“××律师您是怎么考虑的呢？我的优势和劣势是什么”时，又说不出来。因此，切忌在当事人说完案情后马上下判断。

最恰当的做法是首先思考相应法律的规定，其次评估法院对法律的具体适用及已有的判例。在此基础上，再做自我优化的判断。律师要在法律规定、法院判决（判例）的基础上，做出优化的个案判断，包括从公开判决去理解法官个人的价值判断。这几年，法院在同案同判的问题上有了巨大的进步，最高人民法院在量刑细化、指导案例的汇编等方面做了很多努力，但是在发展不平衡的国情下，任重道远，律师仍有进步的空间。

4.报价习惯：有依据、有标准、有计算过程、有优惠理由

很多年轻律师报价，是一摸脑袋就报价或者之前案子怎么收费现在就怎么收费，这是报价中最容易犯的两个错误。上个案件怎么收费，这个案件就怎么收费，导致有的律师做到头发都白了，收费还没变。这不是没有能力，也不是不勤奋，而是报价习惯不对。

报价非律师个人能够决定的，应独立于个人好恶。第一，报价有依据，即国家发改委、司法部等部委共同制定的律师收费标准；第二，应从律师服务收费标准依据中，找出此类案件的具体收费标准规定；第三，有定价依据和同类案件收费标准后，将律师服务费计算的过程告知客户。不能让客户感觉律师费是律师拍脑袋拍出

来的。

此外，大部分客户在谈及价格时，都希望得到优惠和折扣。在给出优惠和折扣时，一定要告知客户理由。比如，这个项目是朋友介绍过来的，看在介绍人的面子上，必须给一定折扣。报价有依据、有标准、有计算过程，还有优惠理由，就更容易被客户认可。

5.项目管理习惯：按任务清单完成

有的年轻律师刚起步，案件不多，没有案件的时候，会无所事事，刷手机、看剧、聊闲天，浪费时间。

我们要有项目管理的习惯。一个案件就是一个小项目，项目下应有清单。年轻律师必须给自己找事情做，做清单式管理。比如，每周五把下周待办事项列在一个表格里，放在办公桌上；每天下班时在便笺上把第二天要办的事写上，并安排妥当。

时间碎片化非常重要。管理好时间才能做更多事。

6.沟通习惯：多讨论，少争辩

人的认知时刻被外界和人的心境影响，不能动不动就认为自己的观点是正确的。比如，与他人争论，过几天也许就会发现我们的想法是错的。争辩时，主要是基于我们个人的认知和诉求，当认为自己正确时，就会争辩；当要争取某样东西时，也会争执。但争辩不是一种很好的沟通方式。

交流沟通，用讨论的方式会更好。我们的想法和认为正确的东西是可以通过讨论的方式和别人交流的。

7.汇报习惯：让客户的电话响起来

客户把案件交给律师，我们有责任让客户从案件里解脱出来，让客户听律师的汇报就行了并认为花的钱是有价值的，律师一定要服务好客户。我们的第一身份是客户的律师，第二身份是客户的朋友，要让客户的电话响起来。此外，要向客户表明：如果您的电话没响起来，就说明没事，律师手里有很多案子，不能天天跟您汇报。

案件没有进展，要不要汇报？要汇报。要告诉客户案件目前没什么进展以及没有进展的原因。两个月里给客户打了三个电话都表示案件没有进展，要不要继续打？一定要打。要主动向客户汇报，让客户的电话响起来，否则我们的电话就会天天响。

8.检索习惯：技术驱动法律

大数据时代，要学会利用互联网技术去检索。这项技能，年轻律师一定要过关。有的律师整日滔滔不绝，有时还不如一个不会说话的电脑。如今，如果掌握了基本的检索技巧，用电脑几秒钟就能检索出我们想要的所有答案。技术驱动法律。

9. 风险防范习惯：工作留痕

风险防范习惯是指工作要留痕迹。五年前，我做过一个案件，五年后这个案件被经侦调查，由于整个工作留痕做得特别好，所以没有任何问题。此外，我刚做律师的时候，有个客户让我帮他做个案件，他手上没有什么材料，只是向我进行了陈述，我先向他说明了两点：第一，要先收5000元调取案卷材料；第二，把案卷材料调出来，再说这个案件后面的收费。第二步是否启动，由客户说了算，但第二步如果启动，律师费要先谈好。后来发现这个案件做不下去，根本赢不了，客户就不做了。过了一年，这个客户来退费，说我什么都没做。很多年轻律师在处理这种案件时，可能会把调取的材料直接交给客户，因为这一步收取的5000元开的是咨询费发票，不用归档，客户若反说律师什么都没做，律师没有凭证，有口难说，只能退费。但我当时做了一件事：将案卷材料给客户时，给客户开了收条并事先打印好让客户签字，收条里清清楚楚地写明了给客户调取的是什么资料，交付给客户的是原件还是复印件。一定要让工作留痕，否则口说无凭。此外，留下工作痕迹还能为徒弟们提供一些学习资料。

10.总结习惯：归档复盘

我们律所有个特殊规定要求每个案件完成后都要进行复盘。案件归档时，案件的承办律师必须总结出三点，其他都可以简化。如果连三点都不写出来，所里就不同意归档，5%的归档费承办律师也不能拿走。这样做是为了强制律师复盘，温故而知新。

幸福生活的10个微习惯

好律师，首先应该是个好人。怎样才能做个好人？这个“好”包括身体健康、品格好、思想好、孝顺等。养成这10个微习惯，就具备了成为一个好人或者好律师的基础。

1.睡眠习惯：每天睡8个小时，是任务；让其余16个小时过得充实、有意义，是责任

有的年轻律师认为自己身体好，把睡觉当成可有可无

的事。我们应该什么时候睡觉？困了、累了、没有事做的时候？这是不对的，我们要管理好睡眠，保证每天8个小时左右。如果睡眠质量特别好，每天都会精力充沛。高质量的睡眠怎么实现？太早了睡不着？需要刻意调整。比如，多设置几个闹钟，早上6点必须起床，早起慢慢就会让我们不得不早睡。若对起床时间和睡眠时间没有任何规划，想睡就睡，不想睡就不睡，生活节奏就全部会被打乱。自然规律就是有白天和黑夜，人到了晚上是要睡觉的，不要觉得晚上不过点夜生活就好像不时髦一样。很多年轻同行离我们而去，究其原因就是太累。一名律师离开了，中国的律师行业不会停止繁荣发展，但这名律师的家庭可能就因此支离破碎了。一个人若对每一天都不负责，生命就没有意义了。

2.运动习惯：每天运动1小时

运动不是让我们每个人每天都去健身房，都去办个健身卡。运动不一定要到健身房，可以根据个人爱好选择适合自己的运动项目，比如我喜欢做户外运动，在户外可以亲近自然，感受大自然的美。

3.尽孝习惯：每天与父母联络一次

尽孝不能等待。父母给了我们生命，我们成长的过程也是父母衰老的过程。每天跟父母联络一次。如果和父母住在一起，不论到家多晚，都要推开父母的房门看一看他们是否安好。我爸爸身体不太好，每次回家，我不但会推开房门去看一看，而且会去听听他呼吸的频率。如果父母不在身边，每天打个电话和发条微信也是好的。

尽孝是一种习惯。有了这种习惯，在面对父母或者谈起父母的时候，我们都会很自豪，这也是个人的“原产地”标志，是人不能缺少的东西。现在很多年轻人非常忙，忽视了尽孝，但尽孝不能等待，要足够重视，并养成习惯。

4.社交习惯：每天和工作圈以外的人联系一次

社交习惯应区别于工作和业务，每天要联系一下与我们没有任何工作关系、没有利害关系的人，可能是老同学，可能是在车上认识的某个人。出其不意的联络会使我们的朋友圈变得越来越好。为什么？很多人想不到我们会去联系他，若突然联系了他，他就能感觉到我们重视他，就会有更多互动。每天一定要跟自己工作圈以外的人联系一次，一年365次，10年3650次。其中若出现一个贵人，人生就可能会发生转折。要让我们的圈子每天都处在更新中，不能总在老熟人圈里打转。

5.着装习惯：工作日着职业装

很多律师并没有太注意这点，但着装其实很重要，就像没有穿白大褂的医生是很难让人信服的。

除了注重着装，每天还应该洗头发。一些女同事头发长，每天洗可能有点困难，但男同事要每天洗，不能蓬头垢面，如果头发是油性的，必须每天洗。

男同事还必须每天刮胡子。建议男律师准备两个刮胡刀，办公室里放一个，车里放一个。戴眼镜的律师每天都要擦眼镜片。此外，还要勤剪头发，一般男同事两个月剪三次是比较合适的。这些都是低成本的事，为什么不能做好呢？

6.读书习惯：每天读一次书，无论时间长短

每天都要读书，不用要求自己读多长时间，但每天都要坚持读。书是人类最好的朋友，我们一旦冷落它，便无法从中汲取营养，丰富自己。

7. 睡前习惯：每天睡前反思得失

每天睡前都需要总结复盘一下，今天哪些地方做得不好，哪些地方做得好，做得不好的地方就是明天要努力改进的地方。这样，每一天都会有新的进步。

8. 出行习惯：每月出行一次

在我人生已经走过的40多年中，有一件事没做好，那就是阅历太少，见识太短。建议年轻人每个月要出去一次，哪怕去周边城市也是可以的，在哪儿都是玩，为什么不出去一趟，认识两个新朋友也好。每个月1次，一年12次，10年120次。中国这么大，有多少地方我们还未曾去过？还是要多出去，只有多看看外面的风土人情，才能更好地认识这个世界。

9. 表达习惯：抓住一切机会，锻炼口才

要培养表达习惯，不要做个闷罐，茶壶煮饺子总是倒不出来，这是不行的。抓住一切机会去表现，去锻炼口才，但并不是没完没了地讲话，那只会令人讨厌。

10. 公益习惯：有机会就去做公益，一定没有错

做公益应形成一种习惯，每年至少做一次。可以定个时间点，比如生日那天做一回公益。公益无大小，可以给

某个需要的人汇点钱，或者存点钱留作将来做公益。每年至少做一次公益，日积月累，让它成为个人品牌。

完美品牌不是“造”出来的，背后是货真价实的自己

养成了以上习惯，你就会发现：我们是善良的、有力量的、有思想的；我们的律师品格是专业、敬业、高效、主动、忠诚和规范。能做到这些的人很少，如果都做到了，自然区别于其他人，这样就有了个人的“原产地”标志。

完美的品牌从来不是“造”出来的，也不是突击包装出来的，而是慢慢孕育出来的，其背后是货真价实的自己。

意识比能力更重要

以上所有习惯，想做都能做到，不需要我们有某种能力。比如，带好办案五件套，这是意识问题。除了意识就是坚持，是否能够坚持，在于我们是不是对生活、对生

命负责任。如果足够负责任，就能认识到意识和坚持的重要性。

忽视你的优点，放大你的缺点，是人性

优点很容易被人忽视，缺点却特别容易被人放大。一个人夸另外一个人很厉害需要胸怀。大部分人的优缺点都差不多，一旦有些人的缺点特别突出，就很容易被人放大，这是难变的人性。我们律所有名律师拿筷子的方式非常难看，我们用了一周时间把他这个坏习惯改了过来。我们让他从家里抓一把黄豆，拿两个碗，每天用正确的拿筷子的方式把黄豆从A碗夹到B碗，再从B碗夹回A碗，一个礼拜就将他难看的执筷方式改过来了。为什么要纠正他？因为难看的拿筷子的方式在他日后参加饭局、谈客户时可能会给他带来不良的评价，可能会被人认为很失礼，很没礼貌，别人也会怀疑他的家教。小小的一个缺点，可能会被人放大，被人误解。我们是一群普通人，只有比别人的优点多一点，才更有机会。

如果以上30个微习惯都能做到，理想的船一定会从此启航。有句话我们经常会听到："职场丰收是基本的要求，良好的品格是根本的保障。"怎么养成良好的品格？一切都源于良好的习惯。

青年律师的执业风险防范

个人规划

我国对律师没有特别统一的培训，律师培训分散在各律师协会、各律师事务所，甚至各位老师的自发平台上进行。没有一体化的律师职业培训，也就没有一体化的职业保护。

风险无处不在，但也不要因噎废食

“天罗地网”是指各种规章制度，如《律师法》《律师执业管理办法》《律师和律师事务所违法行为处罚办法》《律师执业行为规范（试行）》等，这些规范对律师执业的种种红线等都有比较翔实的规定，但并没有包括中国律师江湖里人与人之间的规则。身在律师江湖，如何好好把握自己并不容易。

对此，律师事务所的主任和管理合伙人，有义务发动律所的律师认真学习相关规定。作为律师，如果对不能触碰的执业红线不熟悉，那在这位律师眼里就没有不可为的事了，这对律师执业本身是坏事。

律师在从业过程中有三条不同颜色的线：绿线、红线和灰线。

绿线代表可以大胆做的业务，当然随着时代变迁，绿线的范围会有变化。

法定许可的律师执业范围里哪些可以做呢？比如，见证业务，能不能做？能做。但见证业务收费很低，属于“吃大亏不讨好”的事情，风险极大。除非律师事务所把见证业务作为主要业务，且极其规范。在一般的律师事务所里，见证业务往往都是年轻律师在做，老律师都不做，因为深知里面的凶险。再比如，征收中的房子，能不能立个遗嘱给后人？怎么去操作？这里面有太多未知的风险。

红线代表不能做的业务。比如，“套路贷”某环节的参与人能不能做？当然不能做。能不能联合社会上的人一起做些生意？不能做。职业本身有个防火墙，开飞机的就好好开飞机，做厨师的就好好做菜，钱是赚不完的。有那些精力，不如好好做律师的本职业务，把它做好，赚钱和价值感都不成问题。

灰线代表要有选择地做的业务。怎么选择？选择有时是创新，有时是涉险，见仁见智，同行各有技巧，需要智慧，需要意识。巧妙地选择不是规避，有时就是换一条道走。

不能让凤凰折了翅膀，一着不慎，满盘皆输

律师分两种：一种是有比较好的背景，有比较好的资源，是名师之徒、名门之后；还有一种就是普通人。这里说的普通，可能是资源方面，也可能是出于生计及自我实现才做的律师。像我就属于第二种律师。如果遭遇风险，我们本身上有老，下有小，肩负着生活的责任，能去依靠谁？只有自己。因此，一定要把执业风险防范放在重要位置。

船小好掉头，但难以顶风浪

在我国，律师看似属于自由职业者，但享受自由的同时也承受着各种压力。律师行业在中国整个社会分工中看似重要，但做个对比，约50万的执业律师和约400万的执业医师、执业助理医师相比，是一个较小的群体。而律师群体中的无数你我他又散落在各事务所里，事务所有100个人算大

所吗？不算，在整个社会里规模非常小。而社会的惊涛骇浪拍打着我们，船小虽然好掉头，但也容易被掀翻。船翻了谁来救我们？谁会来救我们？谁救得了我们？也都只有自己。

自己不保，何以保客户？

2010年左右，我做过一个动拆迁案件，关于房屋质量问题，代表九十几户业主告当地政府。律师合同签约当天，现场来了一两百个业主。第一，我表明自己是来维稳的，角色是帮助业主合法维权；作为律师，我们应该修复社会关系，稳定压倒一切。第二，我们和业主集中讨论、集体决策，找到所有维权路径里最正确的路。第三，让业主明白律师在保护大家的同时，首先要保护自己。“我只能告诉大家，这个案件只要我还在世上、还能执业，我就会一直跟到底，但是我不会为你们去冒险。”案子到现在还没正式结案，但我大胆地告诉客户：若律师保护不了自己，怎么去保护大家？若大家让律师做些不该做的事，律师也一定会拒绝！

“坦白是最大的自信，自信是最大的自由。”这些事要大胆地讲出来。尤其是涉黑案件、群体性案件，一定要保护好自己，当我们大胆地说出来要保护好自己时，客户是能理解我们的。

过程比结果更重要，感知比现实更重要

律师最大的风险来自客户，客户是律师最大的“敌人”。客户是上帝，但上帝很容易切换情绪。感知比现实更重要。律师做好本职工作固然重要，但更关键的是让客户认为律师做得好。律师要学会管理客户，引导客户管理好诉求，而不一定非得扩大客户诉求。

比如离婚案件，客户到办公室来，告诉律师她的老公有怎样不忠的行为。这时很多年轻律师可能会讲“你这个婚不离，我都替你心里难过”。但客户内心根本不是这么想的，有的客户就是没有安全感，我们告诉客户怎么办就好，不要扩大客户诉求，而是主动管理好客户诉求，让其与律师一起理性地把问题处理好。处理过程中，若律师和客户都尽力了，结果就不重要了。

交流不交易，对话不对抗，沟通不勾兑

1.交流，不交易

做刑事案件很容易形成交易。律师同行里有些不够争气的，动不动拍胸脯交易。律师一旦答应客户去交易，律师就变成了江湖中的掮客，其价值也不存在了，所以一定不要交易。但一定要跟司法机关办案人员多交流。通过交流，让司法机关办案人员看到律师的态度，至于案件的最后走向，主要取决于办案人员的司法能力、司法良知以及所面临的压力等。

2.对话，不对抗

道理是一样的，要与人好好对话。比如，在部分刑事案件中，与检察官沟通时，可以说："检察官，我很坦白，这类案子我办得不多，但是我觉得道理是差不多的。就我的一些不成熟的见解，想跟你交流一下，如果我们达成共识，在法庭上我就偃旗息鼓；如果我们没达成共识，在法庭上我们平等对垒，竞争一把，我输了我就认。我只有赢得了你的尊重，我的职业才能得到重视。"

3. 沟通，不勾兑

案件需要好好沟通，律师做事情不能勾兑。案件做到最后，就是给自己一个交代，实现金钱的价值、职业的价值、自己的社会功能价值。

如果做到这几点，律师执业风险就又少了很多。

为了正义，要勇敢追求，但不能出师未捷身先死

我们的职业虽然是为美好人生服务的，但不鼓励为之献出生命。而且人都没了，怎么为中国法治建设做出贡献呢？我们对社会而言也许微不足道，但对自己、对家庭，是百分百的重要。当我们由普通老百姓变成一个比较受人尊重的职业律师，就更要注意这一点。

28 条执业风险防范的锦囊妙计

1. 人身安全威胁

*要做勇士，也要有勇有谋。

要做勇士，也要有勇有谋。曾有新闻报道律师办案后

眼睛被挖掉，耳朵被割掉，或是被以其他方式伤害。施害方固然是有错的，甚至构成犯罪，但有的律师身上也有问题。比如，有的律师把当事人的利益当作自己的利益，当事人没哭，律师先哭起来了。对方就会迁怒于律师。要永远记得，自己是个律师。

刚开始执业的时候，我的一个客户欠别人钱，对方约我的客户到一个厂子里谈判，客户把我叫过去，说让我为他保驾护航。当时我和客户连法律服务合同都没签，律师费也一分钱没收到，但为获得客户，我就去了。到了现场，其中一个人从包里拿出一把刀放在桌上。我表明律师身份后，这个人告诉我："杨律师，我这个手指头已经没了，如果今天谈得不怎么样，再切一个给你看看。"这种场合要不要去？当然不去。那该怎么办？第一，谈判要到正规场合，到安全场合，最好是律师事务所；第二，必须有自己的同伴；第三，从法律上确定自己的身份，签署律师服务合同。

在正式执业之前，我还有个痛苦的经历。家里的一个亲戚被人家的车碰了，受了伤。当时我义愤填膺，心想，怎么能这么欺负人呢？把人家撞倒了，扶都不扶起来。我和亲戚两人一起去找对方索要赔偿。我跟对方表明我学过法律。他说："我全部赔给你，走，到厂里拿钱去。"我说："多少钱？"他说："500块。"十五年以前这点钱也不算太少。我一个人跟他去了，结果他直接把大铁门关上，对我一顿拳打脚踢，踢得我当时就失去了知觉。后来他把我放走了，等我回到家，耳朵、鼻子、眼睛都流血了。这顿打让我永远记得：第一，要确定好自己的律师身份，不能狐假虎威；第二，去什么样的场所必须进行事前评估；第三，律师的行为必须是职业的、适当的，要符合职业特点，否则人身安全就得不到保障。

当律师遇到人身威胁时，一定要马上做这几件事：第一，第一时间向事务所领导书面汇报；第二，必须跟家里做好交代，做好万全之策；第三，向司法局的主管领导做书面的、正式的汇报。

人身威胁不是莫名其妙、无缘无故的，很多时候是因为律师没有固定好自己的律师身份，没有规范自己的执业行为，没有良好地表达，没有管理好当事人的诉求，在不自觉中激化了矛盾。

2. 千万不要行贿

人是有贪欲的。行贿有第一次，就会有第二次，因为你会觉得钱来得太容易。行贿将有两个损失：第一，对辛苦的律师行业再也不感兴趣；第二，来钱快，再也不会珍惜金钱，执业本身走向了歧途。

当客户非要律师去行贿时，唯一的选择就是不做。合法的钱都挣不完，做非法的事干什么呢？当事人希望用一点钱让律师冒险，冒的可能不是险，是命，不是我们的生命，是我们的命运，不值得。这种事坚决不能做。

3. 展示宣传

*“群众”不能随便写“无党派人士”。

有的律师在年检的时候写自己是无党派人士，其实无党派人士是政治身份，不能随便写。乱填政治身份是可能被投诉的，因为这样写是不正当竞争、虚假宣传，这种错误不要犯。

4. 实习律师

*取得执业证前不能以律师名义做市场推广或单独承办案件。

*法律服务委托协议、委托书上要注明“实习律师”。

*“承办律师”要改成“承办人员”。

*委托协议和委托书应当保持一致。

*委托书上受托律师留空白：尽可能打印，不要自己填。

实习律师在没有执业证之前，不能以律师身份去做业务，不能以律师名义做市场推广，不能单独承办案件。曾经有一个年轻的实习律师，没有师傅带，没工资，为了自己做点业务，找某某网推广，一次咨询只收50元，服务得也很好。但存在两个问题：第一，不应该以律师身份招揽业务；第二，收费没有在事务所入账，没写律师费。后来客户对结果不满，把某某网和这个年轻的实习律师以及事务所一并起诉了。

法律服务协议和委托书上要注明“实习律师”或标注“律师（实习）”。实习律师和律师（实习），感觉上是不大一样的，这是小技巧。

在律师服务合同里，有时律师图省事，在承办律师下面直接写某某实习律师。这样不行，前面的抬头“案件的承办律师”不能写“承办律师”，要写成“承办人员”。这些牛头不对马嘴的细节要抠一抠，“律师”“实习律师”一定要规范。

签委托协议时，经常出现委托人不是当事人本人而是其家人的情况。刑事案件中这种现象比较多，也是鉴于当事人本人往往已经被收押。但民事案件就不一样。我曾经批过所里一个申诉案件，女儿在国外，她的妈妈代表她打了一审、二审官司，接着要申诉。我们一个年轻的律师竟然把案件接过来了。我在审批的时候发现不对，便问当事人在英国多久了，她说这五六年一直在英国。我问几年回来一次，她说一直没回来过。这就等于前面一审、二审的律师事务所委托协议的签字都是她妈妈代签的。万一哪天她和她妈妈闹掰了怎么办？所以委托人签字一定要本人签。此外，刑事案件里，委托人必须是有委托权限的人。

有些涉黑案件，会出现一大群人委托一个事务所，这个事务所再转委托或帮他们找下家事务所的情况。合同发给下家律所前，他们会让当事人事先签好字，然后再让下家事务所的律师办案，但下家事务所始终见不到委托人，也没有见到委托人在委托书上面签字。这种案子能做吗？不能做。但是实践中，好多律师没有注意这一点。一定要让当事人亲自签字，一个没法在律师面前露脸的人，最好不要为他提供服务。法律服务是人和人之间的服务，不然律师的价值感何来？前面有暗流，后面就有风险。

5. 委托代理合同

*委托方与所代理的当事人要保持一致。

*代理合同与委托书的经办律师保持一致。

*客户对律师的依赖大于对律师事务所的依赖。

*超出合同委托范围的事项不要做。

律所管理人一定要注意，法律服务委托协议或委托（代理）合同上的委托方和所代理的当事人要保持一致。委托方和所代理的当事人不一致的话，就是挂羊头卖狗肉。代理合同和委托书的经办律师也要保持一致。

我经手过一个公司帮员工委托律师事务所办理盗窃罪的案件，盗窃罪是个人犯罪，单位不是法律规定可以委托的人，其不但不能作为委托方，也不能直接做律师费的支付方。如果公司非要作为律师费的支付方，就要要求其做两件事：第一，在合同里写清楚；第二，备注公司代为支付。现实中，律所合同审批中存在大量这样的问题，年轻律师不要跟律所主任、管理合伙人玩“捉迷藏”的“游戏”，因为迟早都会被发现，被发现后，你在律所管理人心目中就留下了污点，故意规避就是恶意，是很严重的职业道德问题。

超出合同委托范围的事项不要做。合同签好以后要注意委托事项，比如，代理一审、二审、强制执行等的哪几个程序。若强制执行阶段当事人没有出具委托书，要代理吗？不要。如果要做，怎么办？在法律服务委托协议中签订补充条款，单独出委托书是不行的。委托的权限应当来源于法律服务委托协议或委托（代理）合同和委托书的结合体，否则律师不会获得尊重。帮当事人做一件好事，若（执行）结果好，当事人肯定满意；一旦做不好，问题则更大。

6. 风险代理

*对于禁止风险代理案件的类型，要了然于胸。

*不得风险代理的案件中，绝对不能出现“风险代理”字眼。

*不能光凭感觉搞定当事人。

律师要非常了解哪些案件是禁止风险代理的。交通事故案件能否风险代理？可以。可以风险代理的案件在某种程度上是一种机会，但很多年轻律师总会错过机会。

我们律所定期组织律师收费管理办法考试，考试的前三名，作为奖励，合伙人会带着他们一起做案件。90%以上的事务所不会组织这样的考试，律所管理者要对年轻律师负责，如果不提醒，年轻律师就不知道哪里是红线。

很多人都说当事人是律师最大的“敌人”，这话没说错。当事人是以结果论，案件结束，若效果不好、结果不好，当事人就会感觉不好、感知不好。律师得做好客户“倒戈相向”的准备。

有一起案件，我们酝酿了一年，办理了三年，最后还是输掉了。客户委托时支付了一大笔律师费，过程中对我们无比信任，但之后即将面临败诉时，客户对我们的谈话进行了录音，想收集我们的漏洞。客户想做什么，其实不用多说。我就直接跟客户讲，案子是输了，我的心情像你一样，但我不是裁判者。我希望后面还能帮上你，但信任是最大的动力，合作如果失去了信任基础，我们就终止合作吧。

客户的态度永远是摇摆不定的，尤其是在案件结果不利后，这是人性，没有必要责怪客户。努力了但无法实现的事情，叫天意。

7.律师费发票

*不开发票或不及时开票，有被投诉的风险。

*发票付款方与合同委托人应保持一致。

*千万不能帮忙开发票，谁委托就开给谁。

*专门开发票作为证据提供，在我们律所一律禁止。

律师费发票容易出问题，不开发票、不及时开发票的，律师和律所都将面临财务风险。如果开增值税发票，最好不要寄送。以前有个朋友做了个大企业的案件，开了500万元的律师费增值税发票给企业，结果企业财务负责人说没收到，要重开。重开就要增加50多万元的税，不重开的话这个客户又得罪不起。直接投诉它的财务总监吗？不可以，投诉不了，只能吃哑巴亏。大金额的发票一定要当面签收。

谁买单，谁拿票。发票的付款方和合同委托方要保持一致。有时第三方支付，把发票开给第三方可不可以？我们经常会碰到为退税，个人委托单位办事情，要事务所以单位的名义开增值税发票。这样的客户是坑人。千万不能帮这样的客户开增值税发票，谁是委托方，就开给谁。

“专门开发票作为证据提供”是什么意思？比如，做侵权案件，律师费没到位，先开一张发票作为证据提供是不可以的，这是虚开。发票必须跟交易、账款相符。如果开发票的时候，交易关系和对价还没完成，后续可能解除合同，这些都是风险。

8.让客户明白，律师费是绝对不能欠的

世上有两种钱不能欠：一是医生的医疗费，二是律师费；一个救死扶伤，一个保护生命和自由。

9.给客户做风险提示

*让客户签署《风险告知书》。

*个性化设计风险告知内容。

很多年轻律师觉得风险提示是多此一举，其实向客户做风险提示有三个好处：第一，可以总结案件的风险点在哪里；第二，重新审视案件，重新对案件进行价值判断；第三，对于当事人，也是一种告知。对不同的客户做不同的风险告知，不要千篇一律，不要直接套模板省时间，要让客户觉得规范。案件要做研究，律师对此要养成好的习惯。有的年轻律师巴不得客户到办公室一句话不说，付完钱就走，如果真有这样的客户或者律师，一般也不可靠。

10. 证据原件保管

＊尽可能不要收客户提交的原件。

＊收原件应出具收据并妥善保管。

尽可能不要收客户提交的原件；如果收了，应该出具收据并妥善保管。出具了收据之后，律师就多了一份责任。但当客户进入专业的办公场所，提交了证据原件时，还是要收下，如果说“原件你拿走”，客户的体验是不好的。

11. 不要错过重要的时间节点

＊不要让诉讼时效在你手上错过。

＊按时缴纳诉讼费、上诉费。

＊客户签收一审判决书后，及时告知其上诉期，不要错过。

＊不要记错开庭时间或庭审时迟到。

＊提前一个月续行查封冻结。

不要错过重要的时间节点。要认真做备忘录，设置闹钟。是人都可能会遗忘，因此，要做好提醒。比如诉讼时效，一定要提前专门做备忘录。诉讼费、上诉费，要及时缴纳。客户不是专业人士，要提醒、督促他去缴费，最好是让他把钱打过来，帮他缴费。这是硬风险，律师一定要规避，不能只是简单通知客户就万事大吉了，要为你的客户切实解决问题。

一审判决书签收后，要及时告知客户上诉期，不要错过。建议大家在判决书上写上时间，包括收到的时间、上诉期截止的时间。截止时间最好写前一天，比如截止到5号，就写截止到4号，一定要提前。

不要记错开庭时间，庭审迟到也要杜绝，这在当事人心里的感知是特别重要的。如果开庭时间总是错过的话，风险太大了。上海法院开庭一般给15分钟宽限时间，15分钟以后，如果做原告，就视为撤诉；做被告，就缺席判决。这是不可承受之痛，希望大家的职业生涯中不要出现这个问题，这是低级错误。

12. 代签法律文书

*委托书、起诉状、上诉状、撤诉申请等重要文书，需客户本人签字，不要代签。

*程序性事项尽可能让客户补签。

很多律师都犯过代签这个错误。委托书代签是绝对不允许的，委托书是代理权的源泉，代签意味着代理权的无效。起诉状同样不能代签，即便委托书注明律师可以代为签署、签收法律文书。起诉状上面有很多重要内容，比如对事实的描述，对数字的合计，对隐私的保护，对家庭电话的披露，对法律文书送达地的披露，还有诉求的主张等，这些重要内容都需要当事人签字确认。

如果不能面签，可以让当事人打印签署，然后寄过来，保留线上对起诉状和委托书确认签署的聊天记录。尤其是撤诉申请书，哪怕委托书里标注了可以撤回诉请，也不可以直接代签，至少要与当事人进行两次确认。

要说哪个律师的服务是完美的，这是不可能的。但应尽量让客户找不到你的问题，让客户感受到你的专业性。需要客户本人签字的，不要代签；程序性的事项，让客户补签，都是能解决问题的，在这些方面律师绝不能偷懒。一些年轻律师还拿着起诉状对着透明玻璃临摹当事人的签字，这样冒的风险太大了。此外，联系客户签署法律文书，也能增加与客户之间的链接。

13.客户不出庭的处理

*警惕虚假诉讼、虚假陈述。

*证据新规：除授权委托书明确排除事项，诉讼代理人的自认视为当事人自认；当事人在场对诉讼代理人的自

认明确否认的，不视为自认。

因此，重要案件建议客户本人出庭。

有的律师可能不喜欢客户和自己一起出庭。如果客户不出庭的话，案件事实陈述、关键事实一定要让客户做笔录。根据新的证据规则，律师一旦做虚假陈述是要接受处罚的，除一些特定的排除事项外，诉讼代理人自认还会被视为当事人自认，只有当事人在现场对诉讼代理人的自认明确否定的，才不视为自认。这就要求律师一定要与当事人沟通好事实情况，并且保留记录。

建议客户亲自出庭。客户出庭对律师来说是个极大的鞭策，也是提高案件服务质量和客户体验感的较好方式。当然，客户不方便出庭时，做好沟通，保留记录就行。另外，是否建议客户出庭也要根据实际情况，具体因案件而异，因人而异。

14. 代为调解

*即便是特别授权，调解方案也要经客户再次确认。

*涉及重大利益放弃，一定要客户书面确认。

*调解笔录一般确认“双方无其他争议事项”，要尤为谨慎。

*认真阅看笔录，审查是否有强制执行及违约条款。

代为调解需要客户特别授权，调解方案要经过客户至少两次确认，不要通个电话就结束了，至少要发个微信，最好有个语音留言。调解有的涉及重大利益，也有的涉及小的利益，比如诉讼费就是小事。重大利益一定要客户书面确认各方无争议事项，这些要尤为慎重。

我就吃过亏。年轻时做一起交通事故案件，当事人还有一个钢钉在膝盖里没拿出来，我就签了调解书，忘掉了拆钢钉需要二次手术，第二次手术花了一万多元，我就自掏腰包赔给了当事人，没有让他的利益受损。律师如果真的犯了错误，真赔不起，就求饶；赔得起，就直接去赔，不要推诿。比如我把钱赔给客户后，他依然是我很好的客户。

一定要注意调解书中“无其他争议事项”这样的表述，如果本案确实没有其他争议事项，双方定分止争、握手言和。但就担心某一方哪天像挤牙膏一样再挤点事端出来，就很难办，所以一定要写清楚“无其他争议事项”说的究竟是哪些事情，这个风险还是相当可怕的，要引起重视。

15. 不要给客户拍胸脯、帮客户找关系

律师帮客户找关系，是给自己找风险，律师要做律师本职的事情。如果是为了赚钱，那更有损风度。只有律师们都争气，律师行业才能受人尊重。

16. 与公检法保持良性沟通

律师要和公检法对话、交流、沟通，不要硬着头皮冲，四处树敌。一味对抗只会增加执业风险，增加人生风险。虽然大家都属于法律共同体，但位置不同。要记得，法律是我们追求和谐的工具，而不是肆意搞破坏的武器。

17. 律师费退费问题

客户要求退费最大的原因是客户的体验不好。要想让客户享受良好的客户体验，就要让客户看到律师做的工作，让客户感知到律师在为他的利益奋斗。同时要让客户看到过程，让客户看到律师取得的阶段性进步，即便最后官司真的打输了，他也会说“你尽力了”。

18. 保留工作底稿

保留工作底稿应当成为习惯。疫情期间就有很多案件是线上开庭审理的，还有些刑事二审是不开庭的，辩护词通过邮寄提交就容易被忽视，保留与各方沟通的工作记录

相当重要。一旦客户问责，打了几个电话，电话里说了哪些内容，有没有录音，有没有充分发表律师意见，都要记录。否则客户如果官司输了，一定会找律师的问题。

19. 不要替当事人决策

律师一定不要替当事人决策，律师只提供决策的方案和理由。律师只是当事人的代理人，不是最终利益的买单人。替当事人决策肯定是没有注意到律师职业的边界。因此，不要为客户做决策，律师的钱和客户的钱是不统一的。客户不会因为律师费高而恨你，也不会因为律师费低而感谢你，更不会因为律师不收费而免责于你，要清楚地认识到，律师的利益跟客户的利益是不一致的。

律师该做的决策是提供给当事人决策的方案，这和替当事人拿主意完全是两个概念。比如，一个医生就不会替患者去决定手术要不要做，医生只是提供手术方案后，由患者、家属去决定是否手术。

20. 切忌太为客户利益着想，手伸得太长

律师应帮助客户实现目的，但绝对不能为了客户的利益，手伸得太长，甚至越过职业边界。

有些时候，客户应该得到法律处罚或者法律惩罚，这

时律师应当追求程序公正，要把案件做得明明白白，不能让他蒙受不白之冤。但同时，不能让客户铤而走险，获得非法利益。这是律师应该做的，只有这样，律师职业才能得到尊重。

21. 不能泄露客户隐私或有违忠诚

我们律所有一名年轻律师最近做了一起劳动争议案件。客户是个美国人，去年被单位开除了，客户委托我们替他维权。这位律师敬业、专业，但在办案的过程中发了个朋友圈，把律师函放了进去。

这位年轻律师把律师函发到朋友圈，无非有三个目的：第一，显示“我办理的案件效果很好”，因为当事人的单位马上就“投降”了。第二，让客户感知到中国律师很厉害，为他伸张了正义。第三，尝试做一些宣传和警示。这三个出发点都没有错，唯一错的是泄露了客户的隐私。这里的客户隐私是什么？在诉讼案件里，当事人的任何信息都是隐私。大部分当事人的心里是不接受自己涉诉的情况被泄露出去的，在这个案件里，当事人的第一想法是不想让人知道自己被开除了。

人言可畏，被单位开除劝退的信息传出去就会有无限种解读，尤其自媒体现在这么发达。我们的合伙人看到以后快速反应，告知年轻律师删除朋友圈，对他进行了批评教育。在诉讼中，有很多不是秘密的秘密，律师要非常敏感。

22. 离婚案件，尤其要把握好与异性客户的交往边界

律师一定要把握和客户的交往边界，尤其是男律师和女性当事人。办案的过程中，最好讲究四个字：就事论事。离婚案件中，女性往往处于情感无助的时期，律师要帮助她从失败的婚姻里走出来，燃起对未来生活的信心，可以陪伴她，但是这个陪伴仅限于案件委托的事项范围，并且要以案件结案为终点。不能把握好与异性客户的交往边界这个错误律师容易犯，要把它当作一条红线。在一些诱惑面前，许多人不是失去了控制，而是忽视了结果。只有认识到了结果的严重性，才能不犯错。

23. 不要过度聪明，不要支持客户作伪证

这是高压线，十万伏特的高压线。有个同行办理一个强奸罪案件，当事人已经被捕，同行询问我能不能花钱赔偿求得谅解，再让受害女孩改变笔录，把当事人捞出来。我跟这个同行说，律师千万不能这么建议当事人，更不能

替当事人这么做。

24. 同一家律所接受同案不同嫌疑人委托，要办好利益冲突豁免手续

我们仔细研究过，按照上海的规定，同一家律所是可以接受同案不同嫌疑人的委托的，但应确认他们是否存在利益冲突，必须办理好利益冲突的豁免手续。为什么可以接受同案不同嫌疑人的委托？背后是司法机关对律师行业的假设，即律师都是有职业操守、有职业标准、有专业能力的。豁免利益冲突就是一道保险杠，是职业使然。

25. 违规会见的风险

*未签合同时，直接带委托书去会见。

*会见中，与嫌疑人有物品交接。

有关刑事会见的风险至少有50条，比较重要的有两点：第一，合同未签，不能直接带委托书去会见。合同没签，当事人和律所没有建立法律服务委托关系，律师没有接受律所指派，代理权从何而来？第二，会见中不要跟犯罪嫌疑人，或者被告人有任何物品交换，这是红线。他在里面哭得稀里哗啦，能不能递个纸巾？不能。他烟瘾犯了，能不能给他递根香烟？不能。上海就出现过一个案例，律师

递了张湿巾纸给对方擦眼镜，后来被列进了看守所的黑名单。这样做不仅对自己有极大的风险，也会伤害到当事人。

26. 敏感案件主动向司法局报备

涉黑案件、群体诉讼等，要主动向司法局报备，保持沟通。要保证政策指导标准下的程序合规。

27. 让客户在最满意时给出五星好评

*在恰当的时机填写《案件质量评估表》。

客户对律师的态度是会发生变化的，有时赞不绝口，尤其是当他有求于你而你又干得不错的时候。建议这时律师就把质量评估报告递给客户填写。专业、敬业、高效、主动、忠诚等指标全让客户填好。人看到自己写的东西还是认的，与客户打交道时，要在自己服务的高点时固定客户的评价。

28. 重视归档，规范执业

*年轻律师归档越细越好。

*老律师归档越简单越好。

*归档必备：委托合同、风险提示告知书、诉状和简单证据材料、收费凭证签收条、授权委托书、传票、判决书、代理词/答辩状、质量评估表、与当事人金钱往来凭

证、结案报告（办案小结）。

年轻律师不是很注重归档，办完案子以后，归档其实对律师有很多好处：第一，保存资料；第二，梳理反思；第三，归纳总结。

我曾因为归档妥善救了自己。一次，我做了一件集体劳动争议的案件。客户在一个意大利公司的中国代表处做首席代表，该代表处一年的效益有一两个亿。后来意大利公司发展战略转移，就把代表处架空，另外注册了几家公司，把订单分出去做，这个代表处就经营不下去了。代表处有很多高管和高级别的员工离职，我的当事人就以他总经理的名义，代表这些高管和员工与单位签订了解除劳动合同的协议书。后来代表处没有支付补偿款的能力，我的当事人便自行垫付了一部分给员工。事后他找到我，代表这些员工打官司，最终要把应得的补偿款还给我的当事人。

案子顺利结案。过了五年，江苏经侦人员找到我，他们正在调查这个总经理，因为劳动争议案件中的款项由这个总经理接手之后去向不明。经侦人员过来的时候，我有三样东西做得非常周全：第一，和员工签署的委托手续没有任何问题。第二，有关律师费的账务往来没有任何问题。

第三，发票没有任何问题。材料全部在档案里整整齐齐，来调查的经侦同志对我们的职业规范很认同。

律师身在社会的洪流之中，会经历明涛也会经历暗涌。哪个江湖都有风险，东边老虎咬人，西边老虎也咬人。律师有律师的规则，律师的规则我们要自觉遵守，别觉得风险小，你看不到它，它却看得到你。出了问题以后，别总觉得自己能搞定，有一个搞不定就可能断送了自己的职业生涯。

执业风险不会给律师增加任何价值，只会让律师把自己的失误变成真正的损失。许多风险本来是可以规避的，只要你认真地去应对这些风险，那它们就不是你的路障，而是你的护栏。

后　记

青年律师，你是想躺平，还是该独立？

青年律师到底该不该独立，大家莫衷一是，也有热点媒体发表文章，建议青年律师不要轻易独立。

我们先来看看律师行业的现状：截至2020年底，全国共有执业律师50多万人，总创收1300亿元，人均26万元，净收入约1.5万元/月（扣除税收等约30%成本）；35岁以下的青年律师占比近60%；二八定律十分明显，很多青年律师的收入远不到行业平均值。[①]

思考的角度不同，结论可能不同。

从律师和其他法律从业者平均收入类比来看，我认为律师的收入还是适当的。中国尚未从法律层面确认律师职

① 参见司法部官网：《2020年度律师、基层法律服务工作统计分析》，http://www.moj.gov.cn/pub/sfbgwapp/zwgk/tjxxApp/202106/t20210611_427393.html。

业的营利性，国家对律师事务所的管理也严格区别于公司（事实上，律师收入还是高出法律共同体中其他从业人员不少的）。不然，这会造成不平衡。说心里话，公检法的职业能力整体上是高于律师的，而且他们工作压力更大，职业风险也不低。青年法律人如果特别想稳定，不如考个公务员，也许能更好地为法治进步做出贡献。从团队“老板”或合伙人的角度看，青年律师独不独立，只是分工的不同，或者叫“审美不同”。就像一个公司一样，老板有订单，找一帮工人完成加工制作就行，老板感谢员工辛勤工作，员工感谢老板发薪水。在老板的眼里，大部分员工是不会有自己的订单的，所以干活是职业的宿命。老板需要娴熟的产业工人，工人需要稳定的营生状态。

对青年律师来讲，独不独立是关乎自己的初心和前途的问题。

不独立，有活干、有饭吃、有机会提高技能，聪明的人还有机会借助老板的优势乘势而上，但大部分人容易形成路径依赖，逐渐丧失独立的勇气。

独立，无保障、无师傅、无案源，但“无产阶级”最勇敢，事实证明，大部分优秀律师都是理想坚定、规划明确、独立自主的。

那青年律师到底是该独立，还是躺平呢？我想，还是早一点独立的好。青年律师的困惑主要是两个，一是案源，二是师傅，我想这两点都不难解决。

关于案源，我们常常讲“人在哪里，案源就在哪里”，我们只要想方设法地去认识人，日积月累，人脉就会越攒越多，而他们总会有各种法律需求。那如何去认识人呢？一句话：总是先于别人伸出你温暖的双手。大多数的人是被动的，对于眼前的人总是“视而不见”，但每个人内心都是渴望被重视、渴望与他人交流的，只要我们主动，就有机会成为优秀人才。那有了案源后，该如何实现专业化呢？我个人认为，青年律师不宜过早地精细化、专业化，从业初期，还是各种案件都接触一些，再根据自己的相对优势和兴趣，逐渐专业化。法律需求是多元化、多层次的，就像灯具市场一样，各种质量、各种造型的灯都有，但它们的核心功能是照明，律师的核心功能是穷尽手段维护委托人利益、促成交易，更高级别的功能是促进社会进步，让生活变得更美好。大部分律师都是在一个又一个普通案件中度过职业生涯的，我们只要坚守职业底线，兢兢业业地工作、堂堂正正地做人，都会有美好的未来。不要好高骛远，不要动不动就对标某某大律师，他们光鲜的背后，一定是长期默默的努力。我们应从提高交流能力开始，步步为营，总有一天会成为最好的自己。我们要坦然接受社会的选择，也要接受不完美的自己。普通律师不孤单，毕竟职业贵族是很少的，我们才是最大公约数。

至于师傅从哪儿来，其实这个问题也不难。

我们国家还没有制定律师产业政策，也没有系统规范的律师职业培训体系，我们只能在实践中学习。现实中，青年律师的老板大部分是“订单”的开拓者、提供者，并没有多少时间带徒弟，有些甚至没有能力带徒弟作业，青年律师只能根据团队流程摸索着进步。这对于独立的青年律师而言反而更自由，三人行必有我师，“好为人师”是人性，只要我们足够谦虚、足够真诚，前辈都是愿意教我们的。用师者王，青年律师只要善用师傅，一定进步神速。

成功律师走过的路一定不止一条，甚至有好多弯路，我们只有都去走走，才能知道哪一条路最泥泞，哪一条路机会最多；他们吃过的苦不会是一点点，我们也要去吃一吃苦。我们迟早要独立，迟早要经历。我们都明白，成功的他们都对应着四个关键词：独立、自驱、理想、情怀。

再多说一句，鼓励独立是为了摆脱被雇佣的状态，不是支持脱离团队协作。我们更要注重合作，不会合作是人类痛苦的根源。

青年律师们，让我们拾起初心，重建信心，管理好健康，管理好情绪，管理好理想，管理好品格，管理好幸福，我们的路一定会越走越宽，越走越顺。

2021 年 9 月 24 日

图书在版编目(CIP)数据

青年律师执业与进阶必修技能 / 杨林兵著. —北京：中国法制出版社，2021.12

ISBN 978-7-5216-2160-0

Ⅰ. ①青… Ⅱ. ①杨… Ⅲ. ①律师业务 Ⅳ. ①D916.5

中国版本图书馆CIP数据核字（2021）第188318号

统筹/策划：李　佳（amberlee2014@126.com）

责任编辑：王　悦（wangyuefzs@163.com）　　封面设计：周黎明

青年律师执业与进阶必修技能

QINGNIAN LÜSHI ZHIYE YU JINJIE BIXIU JINENG

著者 / 杨林兵

经销 / 新华书店

印刷 / 三河市国英印务有限公司

开本 / 880毫米×1230毫米　32开　　印张 / 7.5　字数 / 115千

版次 / 2021年12月第1版　　2021年12月第1次印刷

中国法制出版社出版

书号ISBN 978-7-5216-2160-0　　定价：42.00元

北京市西城区西便门西里甲16号西便门办公区

邮政编码：100053　　传真：010-63141852

网址：http://www.zgfzs.com　　**编辑部电话：010-63141831**

市场营销部电话：010-63141612　　**印务部电话：010-63141606**

（如有印装质量问题，请与本社印务部联系。）